Werner TIKI Küstenmacher

Das kleine simplify®

Familienalltagsbuch

Das kleine simplify® Familienalltagsbuch

ISBN 978-3-8125-0895-7

Bibliographische Information der Deutschen Bibliothek
Die Deutsche Bibliothek verzeichnet diese Publikation
in der Deutschen Nationalbibliographie,
detaillierte bibliographische Daten sind im Internet
über http://dnb.ddb.de abrufbar

Herausgeber: Detlef Koenig, Bonn
Redaktion und Zeichnungen: Werner TIKI Küstenmacher, Gröbenzell
Lektorat: Patricia Schumacher
Produktmanagement: Patricia Schumacher
Herstellung: Sebastian Gerber, Bonn
Herstellungsleitung: Monika Graf, Bonn

Design: Gerd Wilms, Bornheim
Druck: Ludwig Auer GmbH, Donauwörth

VNR Verlag für die Deutsche Wirtschaft AG
Eingetragen: Amtsgericht Bonn HRB 8165
Vorstand: Helmut Graf, Bonn
Besucheradresse: Verlag für die Deutsche Wirtschaft AG
Theodor-Heuss-Str. 2-4, 53177 Bonn,
(Großkundenpostleitzahl: 53095 Bonn)
Kundenservice-Tel.: (0228) 9 55 01 40
E-Mail: info@simplify.de

simplify®

Liebe Leserin, lieber Leser,

der Alltag mit einer Familie hat unzählige wundervolle Momente, die unser Leben jeden Tag – mal nur ein ganz klein wenig, mal um ein Vielfaches – lebenswerter und reicher machen. Zu (fast) jedem Familienleben gehört allerdings ebenso, dass wir uns mit unseren Partnern und Kindern viel zu oft um Kleinigkeiten streiten. Einige Stunden später erinnern wir uns meist nur noch schwach, um was es bei der letzten Meckerei überhaupt ging.

In der Regel geht es bei diesen Alltagsstreitigkeiten um unterschiedliche Ansichten über Ordnung und Regeln des Zusammenlebens. Derjenige, der am stärksten unter Chaos und Unordnung leidet, übernimmt meist die leidige Rolle des „Ordnungsmoderators". Diese Aufgabe gestaltet sich entweder darin, permanent alle Familienmitglieder zu nerven oder einfach selbst das Chaos zu beseitigen.

Eine (häufig bei Kindern und Jugendlichen) verbreitete, aber falsche Schlussfolgerung ist, dass derjenige, der wieder und wieder zur Ordnung ermahnt, auch großen Spaß am Aufräumen hat – so räumt der „Ordnungsmoderator" viel zu oft das Chaos selbst auf, um Streitigkeiten möglichst aus dem Weg zu gehen.

Das **kleine simplify Familienalltagsbuch** bietet für diese alltäglichen Ordnungs-Probleme konkrete Lösungen. Der „Ordnungsmoderator" muss weniger selbst aufräumen, und es gibt insgesamt weniger Streit. Unter anderem finden Sie konkrete Tipps und Anleitungen wie Sie ...

– zu Hause durch ein schlaues System dauerhaft Ordnung schaffen,

– durch die Wahl der richtigen Helfer und Strategien schneller waschen und putzen,

– den Alltag mit Kindern entscheidend vereinfachen,

– mit den simplify Zeitspar-Regeln mehr wertvolle Zeit mit Ihrer Familie gewinnen,

– sich zu Hause mit Ihrer Familie richtig wohlfühlen.

Nutzen Sie unsere Vereinfachungs-Tipps und erfreuen Sie sich an weniger Alltagsnörgeleien und mehr wertvoller Zeit mit sich selbst und Ihren Lieben.

Ihr

Ihr Werner Tiki Küstenmacher

Werner Tiki Küstenmacher
simplify® your life

Inhalt

3. Zu Hause mit Kindern

4. Mehr Zeit zu Hause

5 Zu Hause wohlfühlen

1. Zu Hause aufräumen

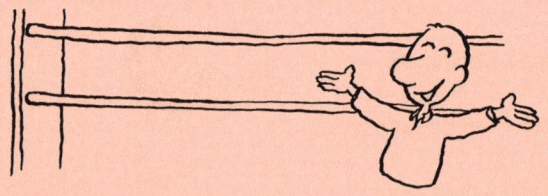

1.1 Zimmer entrümpeln

Entrümpeln Sie Ihr Badezimmer

Der Raum, in dem Sie sich um Ihren Körper kümmern, sollte eine Umgebung sein, in der Sie zentriert und ungestört sein können. Verstauen Sie die vielen Fläschchen, Tuben und anderen typischen Badezimmerutensilien möglichst hinter Türen und gestalten Sie den freien Raum mit Pflanzen und anderen Gegenständen, die Sie mögen. Neue Handtücher in einer schönen Farbe sind die preiswerteste Badrenovierung.

Entrümpeln Sie Ihre Küche

Der Raum, in dem Sie Ihre Nahrung zubereiten, ist in besonderer Weise mit Ihren inneren Organen verbunden. In keinem Raum einer Wohnung ist der „Umsatz" von Gegenständen so hoch wie in der Küche: Teller, Tassen, Gläser und Besteck werden täglich mehrmals herausgenommen, benutzt, gesäubert und einsortiert. In den hinteren und oberen Zonen der Regalbretter aber nimmt der Umsatz meist rapide ab. Sortieren Sie aus, was Sie nicht brauchen. Unbenutztes Geschirr und Lebensmittel mit längst abgelaufenem Haltbarkeitsdatum bilden eine ungesunde „Bremsschicht".

Entrümpeln Sie Ihren Abstellraum

Wenn Sie keinen Keller oder Dachboden zur Verfügung haben, ist eventuell eines Ihrer Zimmer zu einem Aufbewahrungsort für alles geworden, was keinen richtigen Platz hat. Derartige „tote" Zimmer in Ihrer unmittelbaren Wohnumgebung wirken wie ein Klotz am Bein und bremsen unbewusst Ihre Lebensfreude und Kreativität.

Entrümpeln Sie solche Räume vollkommen oder halten Sie wenigstens die dort gelagerten Dinge sauber und in geordneter Form. Lüften Sie regelmäßig und halten Sie die Zimmertür nicht ständig geschlossen.

Entrümpeln Sie Ihren Eingangsbereich

So wie sich Ihre Wohnung anderen präsentiert, so wollen auch Sie selbst auf andere wirken. Verlassen Sie Ihre Wohnung und betreten Sie sie wieder, als wären Sie ein Fremder. Sehen Sie sie mit den Augen eines anderen: verstellte Wege durch herunterhängende Pflanzen, ein unleserliches Namensschild, Altpapierstapel, eine überfüllte Garderobe, herumliegende Schuhe? Halten Sie de Eingangsbereich frei und gestalten Sie ihn einladend.

Küchen-Katakomben

Unter der Spüle, das ist der „Keller" jeder Küche: Hier lagern Flaschen mit nie benutzten Spezialreinigern, alte Schwämme und Lappen sowie andere Merkwürdigkeiten, meist auf einem staubig-schmierigen Untergrund. Da hilft nur eines: Alles raus, Bodenbrett putzen und nur das hinein, was Sie mit Sicherheit in den nächsten drei Monaten verbrauchen werden. Befestigen Sie an der Innenseite des Unterschranks und der Türen ein paar Haken, an denen Sie häufig benutzte Utensilien leicht erreichbar aufhängen.

Lagern Sie Ihre Küchengeräte aus

Küchengeräte, die nur alle zwei Monate (oder seltener) benutzt werden, wandern in Keller oder Kammer: Waffeleisen, Raclettegrill und Ähnliches. Ebenso Festtagsgeschirr oder zusammengewürfelte Gläser, die nur bei Feten benötigt werden. Richten Sie eine Kiste dafür ein und entlasten Sie damit Ihre täglich genutzten wichtigsten Schränke und Arbeitsflächen.

Lebensnerv Schlafzimmer

Traditionellerweise ist der Schlafraum einer Wohnung für Gäste tabu. Deswegen wird er häufig als Abstellzimmer für alles missbraucht, was anderswo stört. Dabei benötigen Sie gerade in dem Raum, in dem Sie die Nacht verbringen, Harmonie und Ordnung. Werfen Sie klassische Quellen negativer Emotionen hinaus: schmutzige Wäsche, Kisten mit alten Sachen, kaputte Gegenstände. Lagern Sie nichts unter dem Bett, höchstens Bettwäsche und Bettdecken.

1.2 Einfach(er) Ordnung in Schränken und Schubladen

Aufräum-Tipp für harte Fälle: Katastrophe simulieren

Stellen Sie sich vor, durch einen Zimmerbrand (der rechtzeitig gelöscht werden konnte) wäre ein Teil Ihrer Sachen vernichtet worden. Packen Sie den Inhalt eines kompletten Schranks oder Regals in große Kisten und bewahren Sie die an einem für Sie schwer erreichbaren Ort auf (Dachboden, Keller, Garage, bei Bekannten). Leben Sie mindestens ein halbes Jahr ohne diese Sachen. Wie schlimm ist das wirklich? Nutzen Sie Ihre dabei gewonnenen Erfahrungen, um noch radikaler zu entrümpeln.

Die Krimskrams-Schublade

Der Super-Tipp gegen herumliegendes Kleinzeug: Reservieren Sie in jedem zweiten Zimmer mindestens eine Schublade für Kram. Hier kommt alles hinein, was in keine Kategorie passt. Aber wählen Sie dafür keine zu große Schublade, benutzen Sie sie sparsam und leeren Sie sie regelmäßig aus. Nach drei Monaten werden Sie guten Gewissens 80 Prozent des Inhalts wegwerfen können, weil sich herausgestellt hat, dass es niemand braucht.

Frönen Sie dem Schachtel-Luxus

So fällt Ordnung zu halten leichter: Sparen Sie nie an Boxen, Schachteln und Schubladen! Kindern (und vielen Erwachsenen) fällt es schwer, sich ohne Strukturen etwa in einem Regalfach gut zu organisieren. Wenn aber Gleichartiges zusammen in eine angebotene Kiste kommt, geht das Aufräumen leichter und macht Spaß.

Kunstvolle Ordnung im Badezimmer

Wie kann man die vielen kleinen Döschen, Tuben, Scheren, Pinzetten und all den anderen Krimskrams im Badezimmer besser organisieren? Eine clevere Lösung gibt es im Baumarkt: Aufbewahrungskästen für Schrauben etc., die sich prima auch für andere Zwecke eignen. Sie brauchen nur den Deckel abzumachen.

Medizinisch aufräumen

Entrümpeln Sie Ihren Medizinschrank regelmäßig: Bei vielen Medikamenten ist das Haltbarkeitsdatum abgelaufen, bei anderen wissen Sie auf Anhieb, dass Sie es nie wieder brauchen, weil Sie inzwischen ein besseres benutzen.

Schubladen-Chaos besiegen

„Kleinteilefächer" heißen die Einsätze in den Schubladen von Büroschreibtischen, die nach einiger Zeit unweigerlich ein chaotisches Durcheinander unmöglicher Dinge enthalten. Alternativ eignen sich Schraubenkisten aus dem Baumarkt, die ohne Deckel in eine normale Schublade zu stellen sind. Der Vorteil: Sie haben mehr Fächer und einen höheren Rand, wodurch mehr hineinpasst und alles übersichtlicher zu ordnen ist. Zum intensiven Suchen oder Aufräumen können Sie das Ganze bequem vor sich auf den Schreibtisch stellen.

Themen-Boxen in der Küche

Fassen Sie Dinge zu sinnvollen Gruppen in Behältern zusammen. Beispiele: Wurst, Käse und Gurken fürs Abendessen im Kühlschrank; Backpulver, Vanillezucker, Soßenpulver im Essensregal; Honig, Marmelade, Nutella fürs Frühstück in einem Körbchen; ebenso eines für Teebeutel und Tees; unter der Spüle eine offen Box mit Putzmitteln und eine mit Blumendünger.

Vereinfachen Sie Ihre Plastikbehälter in der Küche

Tiefkühlboxen, Tupperdosen und andere Kunststoffbehälter haben die Tendenz, sich im Lauf der Jahre sehr zu vermehren. Sondern Sie vergilbte, angerissene und unbenutzte aus. Faustregel: Sie benötigen nur halb so viele, wie Sie bisher gehortet haben. Einige der aussortierten Behälter lassen sich neuen Zwecken zuführen, etwa als Aufbewahrungsort für Kleinkram in der Werkstatt.

Der rote Faden

Wenn Sie einen Hammer aus dem Werkzeugkasten holen, wenn Sie eine Schere aus dem Arbeitszimmer ins Wohnzimmer mitnehmen, wenn ein Buch vom Wohnzimmer ins Kinderzimmer wandert - stellen Sie sich vor, dass der Gegenstand durch einen gedachten langen roten Faden mit seinem ursprünglichen Aufbewahrungsort verbunden bleibt. Nach Gebrauch will er an diesen Ort zurück, magisch durch den roten Faden dorthin gezogen. Tun Sie ihm den Gefallen und bringen Sie ihn zurück. Sorgen Sie dafür, dass möglichst wenige solcher Fäden durch Ihre Wohnung laufen.

Das Schlüsselerlebnis

Misten Sie Ihre gesammelten Schlüssel aus. Gehen Sie mit der Schlüsselkiste durch die Wohnung und überprüfen Sie, welcher wo passt. Heben Sie nur die Schlüssel auf, die Sie an Türen, Schränken, Fahrradschlössern oder Koffern erfolgreich ausprobiert haben. Alle anderen belasten nur!

Ein eiskalter Wintertag

. . . ist der ideale Termin, um den Tiefkühlschrank abzutauen. Der Stromverbrauch kann sich bei einem vereisten Gerät verdoppeln! Also: Gerät ausschalten, Körbe mit Tiefkühlware ins Freie stellen (Balkon, Terrasse), Küchentücher wiederholt mit heißem Wasser tränken und auf die Eisschicht im Inneren des Gefrierschranks legen, bis diese sich abheben lässt. Alles Eis herausholen, mit Neutralreiniger putzen und warten, bis das Innere absolut trocken ist. Sonst vereist es wieder sehr schnell.

Ein umstrittener, aber kluger Tipp

Noch verwendbare Medikamente nimmt die Apotheke bekanntlich nicht zurück, wohl aber Ihr Arzt. In den Zeiten der sparsamen Krankenkassen sind Ärzte froh über einen Fundus eigener Arzneimittel, die sie Patienten mitgeben können. Das gilt natürlich nur für absolut originalverpackte, frische und von Ihnen sachgemäß gelagerte Medikamente.

1.3 Stauraum gewinnen simplify

Bücher in der 2. Reihe

Das ist eine häufige Platzsparidee, aber eine Art Nirwana für schriftliche Unterlagen: Was Sie einmal in der zweiten Reihe verstaut haben, vergessen Sie leicht für immer. simplify-Tipp: Bei selten benutzten mehrbändigen Werken können Sie einige Bände davon hinter den anderen parken. Falls Sie eines Tages den Band R–Z nicht finden, werden Sie sich erinnern, dass er sich hinter den anderen befindet.

Nutzen Sie Schranktüren innen

Bei Büro- und Küchenschränken bleibt zwischen Tür und Regalbrettern meist noch Raum genug für schmale Körbe oder Schachteln, die Sie an die Innenseite der Türen schrauben können. Hier lassen sich Kleinteile übersichtlich aufbewahren.

Nutzen Sie den Schatztruheneffekt

Schaffen Sie sich professionelle Aufbewahrungssysteme an. Sparen Sie dabei nicht, sondern setzen Sie auf Qualität. Für den Schreibtisch ist vor allem eine richtige Hängeregistratur mit Wagen (keine Selbstbaulösungen) und stabile Stehsammler (keine aus dem Möbelhaus) wichtig. Der Hintergrund: Bei Systemen, für die Sie mehr Geld ausgegeben haben, sortiert Ihr Unterbewusstsein schon im Vorfeld aus – in die wertvolle „Schatztruhe" kommen nur wertvolle Sachen.

Reduzieren Sie Ihren Schlüsselbund

Große Schlüsselbunde enthalten so gut wie immer überflüssigen Ballast. Überprüfen Sie: Welche Schlösser gibt es gar nicht mehr, und tragen Sie immer noch die Schlüssel dazu mit sich herum? Überlegen Sie auch, ob Sie beruflich benötigte Schlüssel zu einem eigenen Bund zusammenstellen können, den Sie dann im Büro lassen.

1.4 Einfach aufgeräumt: Zeit und Nerven sparen durch dauerhafte Ordnung

Das wichtigste Ding im Werkzeugkasten

Eines der motivierendsten Utensilien in Sachen Heimwerken sind Handschuhe. Mit geschützten Händen packen Sie beherzter zu. Vor allem beim Umgang mit Holz, denn in die Haut dringende Splitter können sehr schmerzhaft werden. Noch besser als die dicken chinesischen Arbeitshandschuhe (preiswert im Baumarkt) sind alte Lederhandschuhe. Entfernen Sie das Futter, dann haben Sie einen widerstandsfähigen Handschutz, mit dem Sie viel feiner zugreifen können.

Gebrauchsanweisungen griffbereit

Sammeln Sie Gebrauchsanweisungen für alle Geräte zentral an einer Stelle Ihrer Wohnung, die für alle Familienmitglieder leicht zugänglich ist. Eine Schublade in Küche, Flur oder Wohnzimmer eignet sich besonders. Wenn Sie Geräte haben, bei denen Sie immer wieder in die Anleitung sehen müssen, sollten Sie die Gebrauchsanweisung direkt beim Gerät deponieren (beispielsweise unter dem Faxgerät).

Getränke-Dreh

Wenn Sie einen vollen Getränkekasten (etwa Mineralwasser) nach Hause bringen, drehen Sie die Etiketten der Flaschen alle in dieselbe Richtung. Leergetrunkene Flaschen kommen mit dem Etikett in die entgegengesetzte Richtung in den Kasten. So finden Sie die vollen Flaschen auf einen Blick. Außerdem sehen Sie gleich, wann der Vorrat ausgeht und Sie Nachschub besorgen müssen.

Küchen-Kummer

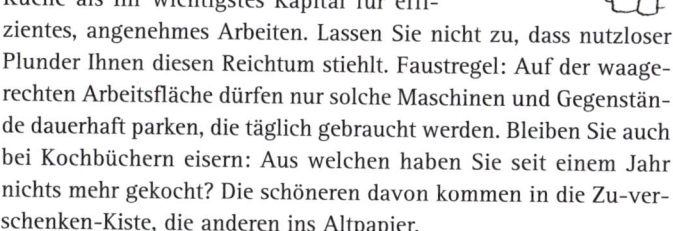

Betrachten Sie die Arbeitsfläche in der Küche als Ihr wichtigstes Kapital für effizientes, angenehmes Arbeiten. Lassen Sie nicht zu, dass nutzloser Plunder Ihnen diesen Reichtum stiehlt. Faustregel: Auf der waagerechten Arbeitsfläche dürfen nur solche Maschinen und Gegenstände dauerhaft parken, die täglich gebraucht werden. Bleiben Sie auch bei Kochbüchern eisern: Aus welchen haben Sie seit einem Jahr nichts mehr gekocht? Die schöneren davon kommen in die Zu-verschenken-Kiste, die anderen ins Altpapier.

Küchen-Kur

Machen Sie in einer Stunde den meistbenutzten Arbeitsraum eines Haushalts wieder flott. Jeder Schrank, in dem Nahrungsmittel aufgehoben werden, enthält Oldtimer: kandierte Früchte von der letzten Weihnachtsbäckerei, uralte und nie benutzte Gewürze und in den hinteren Reihen Vorräte, deren Haltbarkeitsdatum abgelaufen ist. Werfen Sie rigoros weg, was Sie nicht mit Sicherheit in den nächsten drei Monaten verbrauchen werden.

Schranktüren als Pinnwand

Nutzen Sie die großen Flächen von Schranktüren, um häufig benötigte Informationen dort anzubringen. Besonders praktisch sind Metallschränke, an denen Sie mit Magneten schnell Papiere befestigen können. Achten Sie darauf, veraltete Informationen sofort zu entfernen.

Vereinfachen Sie Ihre handwerklichen Arbeiten

Halten Sie Ihre Werkstatt mobil. Verstauen Sie alles in einem tragbaren Kasten und nehmen Sie diese komplett mit, selbst wenn Sie nur einen Nagel einschlagen wollen. Häufig ergeben sich aus der einen Reparatur andere, und die erledigen Sie schnell und gern, wenn Sie alles dafür bei der Hand haben.

Wohin mit den Urlaubsbildern?

Es ist kein Naturgesetz, dass Fotos in ein Album eingeklebt werden müssen. Es gibt im Fotohandel Schachteln, in denen Sie Ihre

Bilder so lagern können, wie sie aus der Entwicklungstüte kommen. Sortieren Sie großzügig aus, was doppelt oder hässlich ist. Auf die Kiste kommt ein Aufkleber „Islandreise 2008". Wenn Sie jemandem die Bilder zeigen möchten, geben Sie ihm den Stapel in die Hand. Keine Sorge wegen der Reihenfolge: Auf jedem Abzug steht die Bildnummer.

Einfaches-Essen-mit-viel-Spaß-Kiste

Mit dem folgenden Trick können Sie spontan jemanden einladen oder überreden, zum Essen zu bleiben. Packen Sie in einen Karton oder Korb: Spaghetti, Olivenöl, Parmesan in Tüten, viel Pesto im Glas, schwarze oder grüne Oliven im Glas, zwei Flaschen gute Rotweine, ein paar Kerzen oder Teelichter, eine Dose Instant Espresso, eine Packung Amaretini-Kekse. Der Korb wird in der Speisekammer gelagert. Denken Sie daran, die Kiste nach einem Einsatz gleich wieder aufzufüllen.

Kaufen Sie nicht jeden Tag ein

Viel Zeit können Sie sparen, wenn Sie nicht täglich einkaufen gehen. Haushaltsexperten empfehlen nur einen Großeinkauf pro Woche, dazu ein oder zwei kleine Einkäufe für Frischwaren. Wer ausreichend Lagerplatz hat, kann ab und zu einen Großvorratseinkauf in einem Megamarkt machen. Aber vergleichen Sie die Preise trotzdem kritisch. In Märkten der Metro-Klasse kann angesichts der gigantischen Auswahl eine spezielle Art von Kaufrausch ausbrechen. Außerdem sind bei Riesenmärkten Such- und Wartezeit an der Kasse erheblich, dazu kommt noch der längere Anfahrtsweg.

Das Socken-Monster

Es ist schwierig für Kinder, in der Kiste oder der Schublade mit den frischen Socken Ordnung zu halten. Arbeiten Sie hier mit Humor. Lassen Sie das Kind ein schreckliches Monsterbild auf die Kiste/Schublade aufmalen oder -kleben. Erklären Sie, dass dieses Ungeheuer sehr böse wird, wenn in seiner Kiste (seiner Schublade) Unordnung herrscht. Und dass das Ganze natürlich nur ein Spiel ist. Aber eines, das hilft!

Am Wochenende shoppen ohne Stau

Wenn Sie nur am Samstag einkaufen können, sollten Sie so früh wie möglich aufbrechen. Gegen 11 Uhr, wenn es in den Geschäften am vollsten ist, sind Sie bereits wieder auf dem Heimweg. Direkt nach der Öffnung ist am Samstag auch in einer Postfiliale am wenigsten los. Wenn im Supermarkt die Schlange an der Kasse lang ist, scheuen Sie sich nicht, andere Mitarbeiter im Laden zu bitten, eine weitere Kasse zu öffnen. Extra-Tipp: Tun Sie das, bevor Sie selbst in der Schlange stehen!

Korb auf Rädern

Richten Sie einen „Autokorb" ein, in den alles kommt, was Sie auf der Fahrt zur Arbeit oder auf dem Heimweg erledigen können: Filme zum Entwickeln, Leihvideos zurück in die Videothek bringen, ein Zettel mit Einkäufen in Geschäften, die auf Ihrem Weg liegen. Das Hin- und Herfahren beansprucht viel Zeit – mit dem Korb-Trick nutzen Sie Ihre Fahrten zum Arbeitsplatz doppelt.

Entsorgen Sie täglich

Vereinbaren Sie mit sich selbst, ab heute jeden Tag konsequent mindestens einen Gegenstand aus Ihrer Wohnung oder Ihrem Büro in den Abfall zu verbannen oder zu verschenken – so wie Sie bisher fast jeden Tag etwas gekauft haben. Auch wenn es Ihnen anfangs schwer fällt – die meisten Menschen gewöhnen sich sehr schnell daran. Es ist normal, wenn Sie beim Wegwerfen gelegentlich Gefühle von Unsicherheit oder Wehmut spüren. Trennungsschmerz gehört zu Ihrem Leben wie die Freude über neu erworbene Dinge.

Noch ein Trick zum Thema Schlüssel

Ideal für Frauen, die oft nach dem Hausschlüssel kramen: Bringen Sie am Henkel jeder großen Handtasche einen Karabinerhaken an, der nach innen in die Tasche hängt. Daran wird der Schlüsselbund eingeklinkt, und er verschwindet nicht mehr in den Tiefen des Behälters. Es gibt Haken, die sich bequem mit einer Hand bedienen lassen.

Schluss mit „Wo sind meine Schlüssel?"

Bestimmen Sie einen festen Platz in der Nähe der Eingangstür (eine Schublade, eine Schale auf einem Tisch o. Ä.) und legen Sie Ihre Schlüssel dort immer sofort nach dem Betreten der Wohnung ab. Markieren Sie diesen Ort mit einer auffälligen Farbe und verankern Sie ihn so in Ihrer rechten Gehirnhälfte, die bildhaft denkt; ein unmissverständlicher Name („die blaue Schublade", „die Sternenschale") prägt sich in Ihrer analytischen und „buchstabenfreundlichen" linken Gehirnhemisphäre ein.

Ohne Registrierung keine Garantie?

Bei einem neuen Gerät liegt meist eine Registrierungskarte bei. Wenn Sie diese ausfüllen und zurücksenden, werden Sie unter Umständen mit Werbung der Herstellerfirma versorgt, obwohl Sie das gar nicht wollen. Zur Wahrung der Garantie genügt die Kaufquittung, eine Registrierung ist nicht erforderlich. Sinnvoll ist eine Registrierung aber bei Software, damit Sie über Updates unterrichtet werden. Einige Unternehmen bedienen Sie an der telefonischen Hotline allerdings nur, wenn Sie registriert sind.

Der lange Löffel

Ärgern Sie sich manchmal über unpraktische hohe Joghurtgläser, in die man nur schwer mit einem normalen Teelöffel hineinkommt? Die simplify-Lösung: Kaufen Sie lange Löffel! Sie heißen Eiskaffee- oder Joghurt-Löffel und sind nicht nur fürs Joghurtessen praktisch, sondern auch fürs Auslöffeln von Nutella-, Marmeladen-, Mayonnaisegläsern und was noch alles in solchen hohen Gläsern verkauft wird.

Die oberschlaue Pinnwand

Wie lange ist die Videothek am Samstag geöffnet? Wann verkauft der Bäcker am Sonntag frische Brötchen? Wie lange ist der Lebensmittelladen im Bahnhof geöffnet? Wann hat der Wertstoffhof auf? Ersparen Sie sich vergebliche Wege und Anrufe. Sammeln Sie auf einem Notizblatt „Öffnungszeiten", das Sie an Ihre Pinnwand heften, nach und nach die Öffnungszeiten der von Ihrer Familie häufiger aufgesuchten Institutionen.

Natürliche Lösungen

Leben Sie mit Ihren Gewohnheiten, nicht gegen sie. Die Schulmappen der Kinder stehen immer herum? Montieren Sie an geeigneten Stellen Haken dafür! Zettel, Briefe und Prospekte lagern sich bei Ihnen an den unmöglichsten Stellen ab? Respektieren Sie Ihre Gewohnheiten und richten Sie auch an einer ungewöhnlichen Stelle einen Platz für diese Dinge ein – zum Beispiel einen Ordner für Rechnungen in der Küche.

Trick gegen Badezimmer-Stau

Überlegen Sie gemeinsam, welche Teile der Morgentoilette in die Schlafzimmer verlagert werden können. Elektrorasur, Föhnen und Make-up lassen sich genauso gut dort erledigen. Sie brauchen lediglich in einen Spiegel und eventuell einen weiteren Haarföhn zu investieren. Verglichen mit der gewonnenen Entspannung am Morgen sind die Kosten gering.

So haben Sie einen Staubfänger weniger

Schieben Sie die Bücher im Regal ganz nach vorn, sodass die Buchrücken mit dem Regalbrett abschließen. Dann entsteht kein Rand, auf dem sich Staub sammeln kann – und niemand kommt in Versuchung, Kleinkram vor den Büchern abzustellen.

1.5 Einfach ordentlich unterwegs

Die schlaue Kiste

Führen Sie in Ihrem Wagen immer eine Kiste „Bordservice" mit sich – für den Fall, dass Sie in einen Stau geraten oder die Kinder quengeln. Darin befinden sich
- mehrere kleine Flaschen Mineralwasser,
- Traubenzucker, Kaugummi,

- Kekse ohne Schokolade, Kartoffelchips und andere Snacks, die die hohen Temperaturen aushalten, die im Wageninneren entstehen können,
- ein Buch (zum Lesen bei langen Staus),
- eine Taschenlampe,
- im Winter immer eine Wolldecke.

Ein simplify-Utensil fürs Auto

Um den Dreck auf der Innenseite der Frontscheibe im Auto wegzubekommen (der vor allem bei Sonne sehr unschön aussieht und die Sicht stört), sind mit Glasreiniger getränkte Tücher ideal. Die gibt es im Supermarkt, Abteilung Haushaltsreiniger, 20 Stück für etwa 2 Euro. Wenn Sie einmal warten müssen, putzen Sie die Scheibe. Auf den Tüchern ist genau die richtige Menge Reiniger, sodass es danach keine Schlieren oder Streifen gibt.

Koffer packen

Vor allem wenn Sie nicht sehr gerne Koffer packen: Legen Sie eine Liste an. Dadurch vergessen Sie keine wichtigen Sachen und sparen sich Überflüssiges. Ergänzen Sie diese Liste gleich nach jedem Urlaub. Bester Aufbewahrungsplatz für die Liste: im Koffer! Für weniger Hektik legen Sie gedanklich die Abreise einen Tag vor. So können Sie auch den letzten Tag vor dem Urlaub mehr genießen.

Kofferpacken über Kreuz

Wenn Sie zu zweit in den Urlaub fliegen, packen Sie die Koffer so, dass Sie gegenseitig einen Tagesbedarf Wäsche des anderen mit einpacken. Wenn ein Koffer verloren geht, haben Sie so wenigstens eine minimale Grundausstattung gesichert.

2 Zu Hause waschen und putzen

2.1 Nützliche Helfer

Die Putz-Scheckkarte

Sicher fallen bei Ihnen gelegentlich alte Kredit-, Scheck- oder Telefonkarten an. Machen Sie eine davon unbrauchbar (mit einem Magneten den braunen Lesestreifen überstreichen), und legen Sie sie jetzt sofort zu Ihren Putzutensilien. So eine Plastikkarte ist das ideale Schabewerkzeug, um Aufkleber und andere Rückstände auf glatten Flächen zu entfernen. Besonders hartnäckige Aufkleber vor dem Schaben mit Alufolie abdecken und mit dem Föhn heiß machen.

Entkalkter Duschkopf

Wenn der Duschkopf verkalkt ist, eine kleine Plastiktüte mit Essig füllen, den Duschkopf hineinhängen, das Ganze mit Klebeband fest verschließen und über Nacht einwirken lassen. Am nächsten Morgen abmachen und den Duschkopf mit Reiniger sauber bürsten. Auch schwergängige Wasserhähne lassen sich so reparieren.

Fußboden kehren ohne Bücken

Seit einiger Zeit gibt es die amerikanische Version von Handfeger und Schaufel auch bei uns: Einen langen Besen und eine zusammenklappbare Abfallbox am Stiel. Damit lassen sich schnell ein paar Krümel auf dem Fußboden entfernen, ohne dass Sie auf allen Vieren herumkriechen müssen. Sogar Jugendliche lassen sich zuweilen dazu motivieren, das Ding zu benutzen, denn sie kennen es meist aus Fast-Food-Restaurants und finden es „cool".

Gegen Druckstellen im Teppich

Beim Ausziehen oder Umräumen zeigen Perser und Teppichböden überdeutlich, wo die Möbel standen. Damit sich die Teppichfasern wieder aufrichten, müssen Sie sie beherzt nass machen (mit einer Blumenspritze) und mit einer Bürste oder den Fingern gegen den Strich reiben. Dann mit dem Föhn auf sanfter Stufe trocknen. Bei manchen Teppicharten hilft es auch, ein nasses Tuch über die Druckstelle zu legen und mit dem Dampfbügeleisen unter Volldampf drüberzufahren.

Glänzendes Spülbecken

Küchenbecken aus rostfreiem Stahl lassen sich mit Mehl auf Hochglanz bringen: einen Teelöffel voll auf ein Baumwolltuch geben, polieren und mit Wasser nachspülen. Für besonderen Glanz und Schutz ein paar Tropfen Babyöl auf ein Papiertuch geben und einreiben.

Heben Sie Ihre alte Zahnbürste auf

Viele Problemzonen im Haushalt sind mit einer alten Zahnbürste ideal zu erreichen: die Bereiche rund um Wasserhähne, vergraute Kachelfugen, die Umrandungen von Herdplatten und Spülen. Sie werden staunen, wie viele Ecken in Küche und Badezimmer, die Sie mit Tuch und Scheuermittel nie sauber bekommen haben, mit der Zahnbürste zu glänzen beginnen. Praktisch ist eine gebrauchte Zahnbürste auch zum Reinigen eines Elektrorasierers. Sie lässt sich viel besser festhalten als die mitgelieferten kurzen Putzbürstchen.

Kratzer in Holzmöbeln

Kleinere Dellen, Scharten und andere Macken in furnierten Möbeln verschwinden, wenn Sie über Nacht einen kleinen, leicht angefeuchteten Schwamm mit Tesafilm auf die betroffene Stelle kleben. Das Wasser lässt das Holz aufquellen, und Unebenheiten verschwinden. Wenn nicht, müssen Sie zu Flüssigholz oder Reparaturwachs in der entsprechenden Holzfarbe greifen (gibt's im Baumarkt).

Die Polierpaste, die jeder hat

simplify-Trick gegen hässliche Kratzer: Leichte Kratzer in Acrylbadewannen und anderen empfindlichen Flächen verschwinden, wenn Sie sie mit einem weichen Lappen und Zahnpasta behandeln. Zahncreme enthält feinstes Schleifpulver.

Verkratztes Handy-Display

Ein Handy ist ein viel benutzter Gegenstand, und so sieht es oft auch aus. Besonders störend sind Kratzer auf dem Display, die die Lesbarkeit stark beeinträchtigen können. Dagegen gibt es spezielle Poliermittel, aber genauso wirksam ist Zahnpasta! Geben Sie ganz wenig davon aufs Display und reiben Sie geduldig mit einem feinen Tuch. Zum Schluss mit einem sauberen Tuch die weißen Reste wegpolieren. Die Wirkung der feinen Schleifkörnchen von Zahnpasta ist verblüffend! Funktioniert auch beim Gameboy und Ähnlichem.

Wenn der Kochtopfdeckel immer zu heiß wird

Genial einfach, wenn es auch etwas junggesellenmäßig aussieht: Klemmen Sie einen Korken unter den Metallgriff eines Topfdeckels Damit bekommt der Deckel einen hitzeisolierten Anfasser.

Kerzentricks

Stilvolle Windlichter in hohen Gläsern lassen sich schwer anzünden. Hier hilft eine lange rohe Nudel: Anzünden und als Riesenstreichholz verwenden.

So bauen Sie tropfenden Kerzen vor: Legen Sie frische Kerzen in Seifenlauge. Dadurch wird das Wachs am Rand härter. Das Wachs in der Mitte schmilzt schneller, und die Kerze tropft nicht. Sie brennt insgesamt langsamer und weniger rußend, wenn Sie um den Docht ein wenig Salz streuen.

Neuer Glanz in alten Töpfen

Gönnen Sie Ihren Aluminiumtöpfen ab und zu eine Schönheitskur: Kochen Sie Reste von ausgepressten Zitronen darin auf. Dann verschwinden braune Verfärbungen und festgebrannte Essensreste. Bei Emailtöpfen hilft heißes Sodawasser (Speisesoda gibt es im Supermarkt).

Preisschilder entfernen

Das ist manchmal sehr nervig: Reste von Selbstklebeetiketten auf der CD-Hülle und vielen anderen Gegenständen – besonders, wenn Sie diese verschenken möchten. Ein wirksames, die Oberfläche garantiert nicht angreifendes Lösungsmittel ist Speiseöl: das Etikett einreiben, einwirken lassen und nach einiger Zeit abziehen. Falls immer noch Kleberreste bleiben: ein Stück Tesafilm drüberkleben, fest anreiben und mit einem Ruck abziehen. Notfalls mehrfach wiederholen.

2.2 simplify waschen und bügeln

Gegen verfärbte Wäsche

Wenn weiße Hemden rosa oder blass blau geworden sind, weil etwas Buntes in die Weißwäsche geraten ist, hilft ein altes Hausmittel, das allerdings etwas Überwindung kostet: Weichen Sie die verfärbte Wäsche längere Zeit in Milch ein – bis die Milch sauer geworden ist. Milchsäure ist einer der wirksamsten Entfärber. Danach die Wäsche noch einmal normal in der Maschine waschen.

Geizen Sie mit dem Bügeleisen

Vieles brauchen Sie überhaupt nicht zu bügeln: Handtücher, Bett- und Unterwäsche sowie die meisten T-Shirts. Nach dem Trocknen kräftig ausschütteln und sofort zusammenlegen. Das erspart Ihnen und der Umwelt auch noch den Weichspüler. Sehen Sie es locker: Die meisten Knitterstellen verschwinden beim ersten Gebrauch oder sind unter einem Pulli gar nicht zu sehen.

Beenden Sie die unendliche Socken-Geschichte

Im Kaufhaus gibt es Kleiderbügelüberwürfe mit durchsichtigen Taschen für die Aufbewahrung von Schuhen – ein ideales Instrument auch zum Organisieren von Strümpfen, Strumpfhosen und Socken. Kunstvolles Zusammenlegen ist überflüssig, weil in jede Tasche nur ein Paar hineinkommt. Besorgen Sie mehrere solcher Bügel, für jedes Familienmitglied mindestens zwei. Je einer davon kommt in den Raum, in dem Sie die Wäsche machen. Ordnen Sie die getrockneten Socken gleich in die entsprechende Tasche.

Vereinfachen Sie das Wäschetrocknen

Das A und O beim maschinellen Wäschetrocknen ist das Herausnehmen unmittelbar nach dem Ende des Trockenvorgangs. Etwa 20 Minuten lang läuft die Trommel in Intervallen weiter („Knitterschutz"), danach aber liegt die Wäsche im Gerät aufeinander und wird unweigerlich zerknittert. Die meisten Geräte geben ein akustisches Signal, wenn die Wäsche fertig ist. Das sollten Sie einschalten und den Startpunkt Ihres Wäschetrockners so organisieren, dass Sie zur richtigen Zeit zur Stelle sind. Die neueren Geräte haben dafür einen Timer.

So bleiben Gardinen länger sauber

Lösen Sie einen Beutel Backpulver in warmem Wasser auf, und legen Sie Ihre Gardinen nach dem Waschen einige Stunden lang hinein. Danach wie gewohnt zum Trocknen aufhängen und eventuell bügeln. Durch die Backpulver-Therapie nehmen Gardinen weniger Staub an und bleiben länger sauber.

Gegen abgestoßene Ledersachen

Schwarze Ledertaschen, -jacken und -handschuhe sind schick. Aber wenn sie abgestoßen sind und an den Kanten die Glanzschicht angegriffen ist, wirken sie schäbig. Ein wirksames Mittel dagegen ist „Solitär Brillant Politur" in Schwarz (gibt es beim Schuster). Die

Politur sieht aus wie Schuhcreme und ist auch für Schuhe verwendbar, entfaltet ihr Können aber vor allem bei Lederbekleidung. Warten Sie mindestens fünf Minuten, bis es ganz trocken ist. Mit einem weichen Tuch können Sie danach alles auf fabrikneuen Hochglanz polieren.

2.3 Schneller und einfacher sauber mit der richtigen Strategie

Kaizen im Haushalt

„Kaizen" ist die japanische simplify-Methode zur Steuerung einfacher Abläufe. Sie funktioniert auch zu Hause. Zwei von vielen möglichen Beispielen: In der Vorratskammer hängt an der Plastiktüte mit dem Toilettenpapier ein Schild: „Nimmst du gerade die letzte Rolle? Dann sorge sofort für Nachschub!" An der Innenseite der Kühlschranktür ist hinter der Milchflasche ein Zettel befestigt „Frischmilch kaufen!", den man gleich als Erinnerung in die Einkaufstasche stecken kann.

Perfektion kontra Pragmatismus

Situation: Sie sehen, dass sich in einer Zimmerecke die Staubflocken ballen. Reaktion 1: Sie seufzen: „Es wird Zeit für einen umfassenden Hausputz, ein radikales Großreinemachen!" Und lassen den Dreck liegen, denn hier zu putzen „wäre ja nur ein Tropfen auf den heißen Stein". Reaktion 2: Sie nehmen den Staubball mit der Hand auf und werfen ihn weg. Reaktion 1 ist Perfektionismus pur. Es kommt nur meist nicht so bald zur geplanten perfekten Aktion, und die Staubmäuse bleiben erst einmal liegen.

Wertvolle Putzbeschleuniger

1: Freie Bahn

Putz-Profis arbeiten niemals kunstvoll um Vasen oder Nippes herum, sondern stellen alles vorher auf den Boden, und zwar an die Stelle, die dem Originalstandort am nächsten ist. Dann ist es leicht, alles danach wieder an den richtigen Platz zurückzustellen. Arbeiten Sie nach einem festen Muster: immer von oben nach unten und im Uhrzeigersinn durch den ganzen Raum. Dann wird nichts vergessen.

2: Kreisverkehr

Putzen Sie einmal durch jeden Raum, und zwar im Uhrzeigersinn, bei der Tür beginnend. Damit Sie nicht hin und her laufen müssen, führen Sie dabei Ihr Arbeitsgerät mit sich in einem Putzkorb oder in einer Profi-Schürze mit verschiedenen Fächern. Gehen Sie einmal durch den Raum, dann muss er fertig sein – bis auf den Fußboden. Das Bodenputzen ist der zweite Arbeitsgang, bei dem Sie sich dann möglichst nonstop durch alle Räume arbeiten.

3: Beide Hände

Ein Beispiel: In der einen Hand haben Sie den Spachtel zum Entfernen von festgeklebtem Schmutz, in der anderen einen feuchten Lappen, mit dem Sie die Krümel aufnehmen. Die Benutzung der sonst nicht genutzten Hand spart nicht nur Zeit, sondern ist auch gesund für Ihre Muskulatur und Ihre Gehirnfunktionen!

3. Zu Hause mit Kindern

3.1 Mehr (Un-)Ordnung mit Kindern

Das Ampel-Spiel

So motivieren Sie Kinder zum Aufräumen: Wenn der Fußboden übersät ist mit Gegenständen und das Kind nicht weiß, womit es anfangen soll, schlagen Sie das Ampel-Spiel vor: zuerst alle roten Gegenstände, dann alle gelben, alle grünen und zum Schluss die übrigen. Das ist lustig, und die Zeit vergeht wie im Flug.

Tafel-Geschwafel

Richten Sie zu Hause eine Fläche für gegenseitige Nachrichten und kreative Betätigung ein: eine Pinnwand, eine Magnettafel oder die klassische schwarze Tafel mit Kreide. Besonders gut eignet sich eine mit Tafelfarbe gestrichene Tür. An prominenter Stelle kann so eine Fläche als Kommunikationszentrale für alle wirken – und ein Lächeln am Morgen hervorzuzaubern.

Der Farb-Glas-Trick

Halten Sie verschiedenfarbige Trinkgläser für den Alltag bereit, für jedes Familienmitglied eine bestimmte Farbe. Dann kann jeder tagsüber sein Glas mehrmals benutzen, anstatt jedes Mal ein frisches zu nehmen und die Spülmaschine zu überfrachten.

Kein Abendstress mit Kindern

Entwickeln Sie besonders am Tagesende keine Hektik. Führen Sie ein klares Gute-Nacht-Ritual ein, das etwa 20 Minuten dauert und vom Spiel zur Ruhe übergeht (zum Beispiel toben oder quatschmachen, schmusen, vorlesen, Licht ausmachen, Lied, Gebet). Widmen Sie sich in dieser Zeit ganz Ihrem Kind und gehen Sie nicht ans Telefon. So verschaffen Sie Ihrem Kind einen gesunden Schlaf und sich selbst eine Nacht ohne Unterbrechungen.

Geben Sie Ihren Nerven Vorrang ...

... vor der Rettung der Umwelt, wenigstens zeitweise. Im Haushalt dürfen überlastete Eltern von kleinen Kindern auch mal öko-mäßig über die Stränge schlagen: Lassen Sie eine halb leere Spülmaschine laufen. Benutzen Sie den Wäschetrockner, statt die Wäsche aufzuhängen. Bestreiten Sie ein Mittagessen komplett aus Tiefkühlkost.

Die leidige Frage: Was kochen wir heute?

Um nicht jeden Vormittag den gleichen Frust zu erleben, müssen Sie nur ein einziges Mal ein wenig Zeit investieren: Berufen Sie eine Familienkonferenz zum Thema Essen ein und stellen Sie die Lieblingsgerichte zusammen. Bei einer vierköpfigen Familie findet sich meist ein harter Kern von 20 bis 30 Gerichten. Das ergibt einen sich rund alle vier Wochen wiederholenden Speiseplan, für nicht zu verwöhnte Gourmets eine akzeptable Abwechslung. Vereinbaren Sie außerdem, dass jeden Monat zwei neue Rezepte ausprobiert werden, vorzugsweise am Wochenende.

Kindergeburtstage

Feiern Sie möglichst außerhalb von zu Hause. Es muss nicht die (von Kindern über zwölf ohnehin als „ätzend" empfundene) Kinderparty im Hamburger-Restaurant sein. Feiern Sie mit einem Picknick im Park, besuchen Sie ein Museum (es gibt Gruppenpreise und zum Schluss einen Snack im Museumsbistro) oder suchen Sie einen Kooperationspartner: Manche Sternwarten und Zoos bieten Arrangements für Geburtstagsfeiern. Bei entsprechender Vorplanung können Sie ein Kindertheater zusammen mit einem Kindergarten oder einer Gemeindebücherei anheuern.

Wäsche waschen mit Kindern

Vereinfachen Sie das zeitraubende Thema Wäsche, indem Sie auf „Profi-Standard" umstellen: Gewaschen wird nur, was Ihre Kinder in die Wäscherei bringen. Und dort müssen sie die fertigen Sachen auch wieder abholen. Das funktioniert auch bei kleineren Kindern (denen müssen Sie noch helfen, die Wäsche in den Schrank zu räumen) und ist nur eine Sache der Gewohnheit.

Wenn Kinder denken, der immer gut gefüllte Wäscheschrank sei reine Zauberei, werden sie nie lernen, verantwortlich einen Haushalt zu führen.

Lassen Sie Ihr Kind Geld verdienen

Vereinbaren Sie für besondere Aufgaben, die Ihr Kind erledigt, einen finanziellen Lohn. Schließen Sie dabei eine Art Vertrag, damit Ihr Kind lernt, dass sich Arbeitgeber und Arbeitnehmer aufeinander verlassen müssen. Machen Sie deutlich, dass solche bezahlten Arbeiten die Ausnahme sind – sonst verlangt Ihr Kind für jede kleine Hilfeleistung Geld. Machen Sie ihm klar, dass es das im praktischen Leben ebenso gibt: bezahlte und unbezahlte Arbeit, und beides muss getan werden.

Roter Spaghetti-Trick

Lieben Ihre Kinder Spaghetti mit Hackfleischsoße? Als besonderer Kniff bei der Zubereitung hat sich folgender Trick bewährt: Sehen Sie sich in der Küche um, ob es irgendeinen roten Saft gibt (Traubensaft, Kirschsaft, Multivitaminsaft, Rotwein). Schütten Sie einen kräftigen Schuss davon in die Soße, und das Aroma verbessert sich enorm. Etwas Zucker oder Süßstoff verstärkt den Geschmack der Tomaten, und eine gute Prise Curry lässt die Soße"professionell" schmecken.

Kindertrick „Kleidermännchen"

Bei kleineren Kindern gibt es oft jeden Morgen Streit um die Garderobe – sehr unschön, wenn ein Tag schon so beginnt! Suchen Sie mit Ihrem Kind am Abend die Sachen zusammen, die es am nächsten Morgen anziehen soll und will, und legen Sie sie in Form eines „Kleidermännchens" fein säuberlich auf dem Boden aus. Das motiviert Ihr Kind außerdem dazu, sich selbst anzuziehen (und Ihnen vielleicht noch ein paar Minuten Zeit am Morgen zu schenken).

Wie wär's mit einer Morgenüberraschung?

Durchbrechen Sie morgen früh doch einmal die Routine (und tun Sie das öfter – so etwa einmal im Monat): Stehen Sie besonders früh auf und holen Sie mitten in der Woche frische Brötchen; kaufen Sie am Vorabend frische Blumen und überraschen Sie Ihre Familie damit – ohne dass jemand Geburtstag hat.

3.2 Spielen und lernen mit Kindern

Das perfekte Verkehrsschild

Um Autofahrer zu veranlassen, langsamer zu fahren, weil Kinder in der Nähe spielen, hilft es relativ wenig, wenn man Schilder aufstellt. Wirksamer und einfacher: Stellen Sie Kinderspielzeug gut sichtbar an den Straßenrand, solange die Kinder draußen spielen: ein Tretauto, einen Bollerwagen oder eine kleine Schubkarre, am besten umgekippt.

Der simplify-Urlaub: Gemeinsam entscheiden!

Der Alptraum jedes Familienvaters: ein Hotelzimmer mit schlechten Betten, direkt zwischen Hauptstraße und Disco, weit entfernt vom Strand, der zurzeit algenverseucht ist, und dazu der Chor der Familie: „Was hast du dir denn da andrehen lassen?!" Die gute Tat, viel Zeit mit den Reiseprospekten verbracht zu haben, wird so zum Fluch. Treffen Sie daher keine einsamen Entscheidungen. Beziehen Sie alle Urlaubsteilnehmer von Anfang an in die Planung mit ein.

Ermutigen Sie Ihre Kinder

Wenn Kinder Berichte von Katastrophen im Fernsehen sehen, kann das ihren Glauben an eine verlässliche Welt erschüttern. Versichern Sie Ihren Kindern dann, dass solche Unglücke sehr selten sind und dass gerade deswegen in den Nachrichten darüber berichtet wird.

Die Theaterkiste

In einen großen Umzugskarton oder ausrangierten Koffer kommen alte Sachen zum Verkleiden. Mädchen lieben Hüte, Tücher, Handschuhe, Taschen, Fächer, Stöckelschuhe und abgelegten Modeschmuck. Jungen mögen Fell- und Ledersachen, Gürtel und Umhänge. Lagern Sie die Kiste nicht im Kinderzimmer, sondern geben Sie sie als Attraktion an verregneten Nachmittagen oder beim Kindergeburtstag heraus. Zum Selberschminken reichen ein Kästchen mit buntem oder glitzerndem Lidschatten, ein dunkler Augenbrauenstift (für Bärte) und ein Lippenstift.

Familiengeschichte im Christbaumschmuck

Kaufen Sie jedes Jahr ein neues Stück Christbaumschmuck, das an ein wichtiges Ereignis in der Familie erinnert: die Geburt eines Kindes, eine neue Arbeitsstelle, eine neue Wohnung oder auch als Erinnerung an ein verstorbenes Familienmitglied. Im Laufe der Jahre sammelt sich der Schmuck am weihnachtlichen „Stammbaum" zu einer kleinen Familiengeschichte und macht das Schmücken zu einem besonders innigen Erlebnis.

Seien Sie langweilig

... für Ihre Kinder. Ein merkwürdig klingender, aber sehr effizienter Tipp für überlastete Eltern. Gute Eltern, die viele spannende und schöne Sachen mit ihren Kindern veranstalten, sind besonders überlastet. Lernen Sie, für Ihre Kinder zumindest zeitweise so langweilig zu sein, dass Sie von ihnen eine Weile in Ruhe gelassen werden.

Präsentieren Sie Kinderbücher frontal

Um Kinder zum Lesen zu motivieren, machen Sie's wie ein Buchhändler: Stellen Sie (wöchentlich wechselnd) ein oder zwei Bücher mit der Titelseite nach vorn ins Regal. Das signalisiert dem Kind „Ach ja – das habe ich ja auch noch!" und vermittelt die unterschwellige Botschaft „Bücher sind wichtig".

Widmen Sie sich Ihren Kindern total

... aber nur eine Viertel- oder halbe Stunde lang. Das ist besser, als den ganzen Tag widerwillig mit halber Aufmerksamkeit bei ihnen zu sein. Lassen Sie die Kinder planen, was in diesen 15 oder 30 Minuten passieren soll.

Schul-Tipp 1: Gesprächsaufhänger für Eltern in der Schule

Sprechen Sie bei Elternsprechtagen die vor den Klassenzimmern wartenden anderen Eltern an. Dabei bekommen Sie oft entscheidende Hintergrundinformationen über die Klasse Ihres Kindes. Bringen Sie zur Erleichterung des Gesprächs ein Klassenfoto mit („Ah, Sie sind die Mutter von dem großen blonden Jungen!").

Schul-Tipp 2: Besser machen statt motzen

Regen Sie beim Klassenlehrer an, dass Sie in Ihrer Klasse ähnlich wie in Firmen Verbesserungsvorschläge machen dürfen. Am besten schriftlich, an die Pinnwand im Schulzimmer geheftet, die dann gemeinsam diskutiert werden. Die Ergebnisse sind verblüffend.

Schul-Tipp 3: Club der Mitmacher

Wenn Sie als Schüler(in) in einer Klasse ge- landet sind, in der Mitarbeiten out ist (oft nur wegen drei oder vier negativen Meinungsma- chern), gründen Sie eine Gegenbewegung. Ver- einbaren Sie mit ein paar Kumpeln/innen einen Wettbewerb, wer in- nerhalb einer Woche die meisten positiven Beiträge im Unterricht liefert.

Schul-Tipp 4: Happy-End-Bemerkung

Ein Kniff für Schüler, um Stress beim Thema Schule zu vermei- den: Betrachten Sie Prüfungen als Kommunikation zwischen Ihnen und dem Lehrer. Trauen Sie sich, unter eine Schulaufgabe eine per- sönliche Botschaft zu schreiben, eine aufmunternde Bemerkung für den Lehrer, eine Bitte, eine Entschuldigung. Beispiele: „Das war wohl nichts. Das nächste Mal mache ich's besser!" – „Ich habe die- ses Mal gelernt wie verrückt. Hoffentlich ist das zu merken!"

3.3 Paar und Ich-sein trotz Kindern

Hinterlassen Sie familiäres Wissen

Es wird in der Psychologie zukünftig immer wichtiger werden, Informationen über die Vorfahren zu haben. Deswegen die dringen- de Bitte: Schreiben Sie auf, was Sie über Ihre Eltern, Großeltern und andere Verwandte wissen. Ihre Nachkommen werden es Ihnen einst danken, auch wenn sie vielleicht jetzt den Wert dieser Hinterlassen- schaft noch nicht zu schätzen wissen.

Gönnen Sie sich Zeit zu zweit

In der Großfamilie war es selbstverständlich, dass Kinder mal ein paar Tage bei den Großeltern blieben und die Eltern Zeit für sich hatten. Im Zeitalter der Kleinfamilie plagt Eltern das schlechte Gewissen, wenn sie ihr Kind bei einem Babysitter lassen. Planen Sie (gleichgültig, wie alt Ihre Kinder sind) sehr bewusst Aktivitäten, bei denen Sie Mann und Frau sind und nicht Papa und Mama. Sie können Ihrem Kind nichts Wertvolleres schenken als eine gute Paarbeziehung seiner Eltern.

Der simplify-Urlaub mit Kindern

Gemeinsam etwas Schönes zu erleben, ist für die meisten Eltern das innere Leitbild für Urlaub. Vor allem kleinere Kinder aber wissen die Segnungen eines Ferienorts oft gar nicht zu schätzen. Planen Sie daher einen Urlaub, bei dem Ihre Kinder (oder Ihr Kind) einige Stunden pro Tag ohne Sie sein können. Spezielle Kinderhotels und -ferienanlagen bieten Betreuung für die Kleinen, zum Teil sogar während des Abendessens. Und ein stilvolles Dinner ohne Kinderfüttern ist auch für Eltern ein echtes Fest!

Gehen Sie abends mit Ihrem Partner zusammen aus

... wenigstens alle 14 Tage. Leisten Sie sich einen Babysitter. Lassen Sie sich nicht von diesem Vorhaben abbringen, auch wenn Ihr Kind beim ersten Mal den Babysitter nervt oder es anderweitig schief geht. Zeit zu zweit ist für eine Beziehung lebenswichtig.

Sehen Sie in Ihrem Kind den Partner

Wenn sich eine Mutter ihrem Kind zuwendet, sollte sie sich in Gedanken gleichzeitig damit ihrem Mann zuwenden und ihren Mann in dem Kind sehen. Gleiches gilt für den Vater. So kann das Kind die Liebe zwischen den Partnern verstärken oder (wenn die Liebe zum Partner erloschen ist) die Verbitterung mildern. Die Liebe erfährt durch Kinder eine neue Dimension weit über individuelle Zu- oder Abneigungen hinaus.

Seien Sie kein Auslöffler mehr

Geben Sie die Aufgabe des „Kümmerers" ab. Prüfen Sie kritisch: Was tue ich privat und beruflich, nur weil es für andere bequemer ist? Welche Dinge, die mir eigentlich überhaupt nichts bringen, tue ich aus reiner Gewohnheit? Kollegen, Partner und Kinder sollten selbst dafür geradestehen, Verpflichtungen und Termine einzuhalten. Je früher Sie Verantwortung übertragen, umso eher sind Sie die Auslöffler-Rolle los.

Sorgen Sie für ein besseres Miteinander der Generationen

„Die Älteren ehren und die Jüngeren lieben", so lautete eine Regel des heiligen Benedikt. Einem älteren Menschen gegenüber sollten Sie immer Respekt wahren, auch wenn Sie völlig anderer Meinung sind als er. Dadurch nehmen Sie ihn mit seiner Lebenserfahrung, seinem Wissen, seinen Verletzungen und Verlusten ernst. Zeigen Sie jüngeren Menschen vor allem, dass Sie sie so mögen, wie sie sind. Das ist gut fürs Zusammenleben, besonders auf Familienfesten.

3.4 Besser anziehen und besser aussehen

Achten Sie auf Ihre Schuhe

Gleichgültig, ob Halbschuhe, Pumps, Stiefel oder Stiefeletten: Kein Accessoire hat so viel Macht wie Schuhe. Mit einem neuen Schuh, der im Trend liegt, wirkt auch ein bejahrter Dress wieder aktuell. Achten Sie beim Kauf auf Bequemlichkeit: Nichts zieht die Laune mehr herunter als zu enge Schuhe. Probieren Sie aber ruhig einmal schicke Schuhe an, die unbequem aussehen: Der Eindruck täuscht häufig. Besonders Männer tragen gern unvorteilhaft aussehende, überbreite Treter, ohne jemals etwas anderes probiert zu haben.

Das Kleiderschrank-Viertel

Damit können Sie sofort beginnen: Alle Sachen, die Sie in den letzten acht Wochen oft getragen haben, hängen Sie ganz links auf die Stange, alle häufig getragenen Pullover und T-Shirts kommen in ein spezielles Fach. Dazu die Kleidungsstücke, die nicht der aktuellen Jahreszeit entsprechen, von denen Sie aber sagen: „Das würde ich bei einem anderem Wetter sofort anziehen." Die ausgewählten Stücke sind Ihre Lieblingssachen. Sie machen selten mehr als ein Viertel Ihrer Gesamtgarderobe aus. Den Rest können Sie eigentlich entsorgen.

Alles neu macht der Mai – im Kleiderschrank

Ein simplify-Tipp, wenn Sie Ihre Garderobe ergänzen möchten: Der Durchschnittsdeutsche verbraucht pro Jahr 23 Kilo Fasern. Über die Hälfte davon sind Kunstfasern, die nicht verrotten. Die Altkleiderberge wachsen ständig. Steigen Sie um auf qualitativ hochwer-

tige und damit auch langlebige Kleidung mit hohem Naturfaser-
anteil.

Das richtige Schuhwerk

Tragen Sie, wenn möglich, Schuhe mit weichen Sohlen. Jeder
ungedämpfte Schritt auf hartem Boden ist ein Schlag gegen die
Bandscheiben, und das jahrzehntelang! Abgelaufene Schuhe verstärken Haltungsfehler der Füße, die sich auch auf die Wirbelsäule
auswirken. Gehen Sie beim Schuhezubinden in die Hocke oder leh-
nen Sie sich an eine Wand. Gift für den Rücken ist der Katzenbuckel, wenn Sie sich beim Stehen tief zu den Füßen herunterbeugen.

Der Kleiderbügel-Supertrick

Hängen Sie alle Kleiderbügel „verkehrt" auf die Stange,
sodass die Spitze in den Raum zeigt. Wenn Sie etwas anziehen und
in den Schrank zurücktun, hängen Sie den Bügel wie gewohnt auf
die Stange, also mit der Spitze in den Schrank zeigend. Am Ende
der Saison sehen Sie auf einen Blick, welche Sachen Sie überhaupt
nicht benutzt haben. Die können Sie getrost aussortieren (Kleider-
sammlung, verschenken, Flohmarkt).

Die magische Neun

Diese Regel professioneller Modeberater besagt, dass stilsichere
Leute nie mehr als neun verschiedene Dinge sichtbar am Körper tragen. Das sind Ihre Kleidungsstücke und dann nur ein, höchstens
zwei auffallende Accessoires. Also die Ohrringe und das Seidentuch.
Oder die Sonnenbrille und die Armbanduhr. Einfachheit war hier
schon immer Prinzip – weniger ist mehr. Das gilt auch für Herren:

Wer neben Armbanduhr und Ring noch Armkettchen, Siegelring und Ohrring trägt, ist eindeutig „overstyled".

Lockenkontrolle am Ausgang

Hängen Sie einen Spiegel in den Flur neben Ihrer Wohnungs- oder Haustür. So können Sie kurz vor dem Verlassen Ihrer Wohnung noch einmal schnell Ihr Aussehen kontrollieren, ohne dafür ins Schlafzimmer oder sonst einen anderen Raum zurückkehren zu müssen. Damen deponieren dort am besten gleich noch ein Täschchen mit dem aktuellen Lippenstift.

Kleiner Schmink-Tipp für Damen

Große Wirkung ohne Nebenwirkung: Verwenden Sie niemals Mascara auf den unteren Wimpern. Dadurch wird es unter Ihren Augen keine unschönen schwarzen Abdrücke geben, nicht einmal beim Weinen. Eine viel stärkere Wirkung als dunkel geschminkte Augen hat das Einfärben der Wangenknochen: Kaufen Sie einen Lip and Cheek Pencil, rollen Sie die Stiftspitze zwischen den Fingern, und tragen Sie mit den Fingerspitzen etwas Farbe auf Augenlider und Wangenknochen auf.

Lieben Sie Ihre natürlichen Haare

Der Modeberater Kendall Ong aus Washington D. C. meint: „Es ist unglaublich, wie viel Zeit, Geld und Unzufriedenheit Männer und Frauen dafür aufwenden, um andere Haare zu bekommen als die, mit denen sie von der Natur ausgestattet wurden." Je stärker Ihre Haare gefärbt sind, um so mehr müssen Sie sich um Ihr sonstiges Erscheinungsbild kümmern, damit die Schummelei nicht auffällt. Je raffinierter Sie gelichtete Stellen auf dem Kopf „überkämmen", desto häufiger müssen Sie das Kunstwerk vor dem Spiegel richten.

Einfacher elektrorasieren

Hautärzte raten, das Wort Trockenrasur wörtlich zu nehmen: Behandeln Sie Ihr Gesicht vor der Rasur weder mit Preshave-Lotion noch mit Wasser. Damit schonen Sie Ihre Haut, und die Bartstoppeln stehen aus der trockenen Haut besser hervor. Waschen Sie Ihr Gesicht nach der Rasur mit reinem Wasser. Verwenden Sie als Aftershave ein Produkt auf Alkoholbasis, aber keine Creme. Oder belassen Sie es beim reinen Wasser – hautmedizinisch notwendig sind die Alkoholprodukte nicht.

So kaschieren Sie Ihr Bäuchlein

Gegen das unschöne Hervortreten der Bauchwölbung bei Herren helfen eine Weste oder ein Pullunder unter der Anzugjacke. Die guten alten Nadelstreifen sind der beste optische Schlankmacher. Ein einreihiger Blazer wirkt immer schmaler als ein Zweireiher. Frauen (und Dandys) können mit einem Schal zusätzlich die Vertikale betonen und damit den Oberkörper strecken.

Verdoppeln Sie Ihre Lieblingsstücke

Wenn Sie kein ausgesprochener Shopping-Fan in Sachen Kleidung sind, können Sie sich mit diesem Kniff das Einkaufen vereinfachen: Wenn Sie einen Pullover, eine Hose, Unterwäsche oder sonst ein Basic-Teil zum Anziehen rundherum für sich perfekt finden, kaufen Sie das gute Stück ruhig noch ein zweites Mal, eventuell in einer anderen Farbe.

So verlängern Sie Ihre Beine

Hose (oder Rock), Gürtel, Strumpf und Schuh in der gleichen Farbe lassen Ihre Beine länger wirken. Die Damenmode erlaubt einen Kniff: Jeans eine Nummer länger kaufen und Schuhe mit hohen Absätzen dazu tragen. Die maximale optische Täuschung erreichen Sie, wenn Sie sich von Kopf bis Fuß in einer (eher dunklen) Farbe einkleiden. Im dunklen Anzug verlieren Männer mit Bauch ihre Birnenform. Vorsicht: Lange Jacken lassen kurze Beine noch kürzer wirken.

Schick ohne Stress

Tipp für Berufspendler: Hängen Sie Ihre Anzüge (bzw. Kostüme) in Schutzhüllen in die Garderobe Ihres Büros, dazu Hemden und die guten Schuhe samt Putzzeug. Ziehen Sie sich kurz vor einem Termin, zu dem Sie „kundenfein" aussehen müssen, im Büro um. Vorteil: Die Sachen können Sie zum Beispiel mal in der Mittagspause zur Reinigung bringen und müssen dafür nicht den Samstag opfern.

4 Mehr Zeit zu Hause

4.1 simplify Zeitspar-Regeln

Behalten Sie die Woche im Blick

Stellen Sie von Tages- auf Wochenplanung um. Jede Woche hat einen Sonntag, an dem Sie verschnaufen können und nicht arbeiten müssen. Dadurch sind die sechs Tage davor der natürliche Rhythmus für die Erledigung von Aufgaben. Die Wochenplanung ist die Brücke zwischen den kurzfristigen dringenden Tagesaktionen und den langfristigen wichtigen Visionen Ihres Lebens. Prüfen Sie jeden Sonntag: Bin ich in der vergangenen Woche meinen Visionen ein Stück näher gekommen?

Beherzigen Sie die Drei-Minuten-Regel

Setzen Sie sich als Zeitlimit drei Minuten und betrachten Sie die Sofort-Erledigung einer Aufgabe als sportliche Herausforderung: „Wenn ich die erforderlichen Infos innerhalb der nächsten drei Minuten bekomme, erledige ich das Ding sofort!" In drei Minuten lässt sich allerhand schaffen: ein Anruf, in einem Ordner nachschlagen, im Internet suchen. Auch die meisten Entscheidungen können Sie gut und gerne innerhalb von drei Minuten treffen.

Denken Sie in Wochen

Von einem Sabbat zum nächsten – das ist die natürlichste Planungsarbeit fürs Arbeiten. Denken Sie nicht nur an Ihr Tagespensum, sondern versuchen Sie, am Wochenbeginn „ranzuklotzen", um sich für Donnerstag und Freitag etwas Muße zu verschaffen.

Planen Sie Pufferzeit ein

Wer termingerechte Ausführung verlangt, muss auch termingerecht beauftragen. Beispiel: Sie erwarten am 17. März wichtige Gäste, und Ihr Schreiner soll bis zu diesem Zeitpunkt Ihr Gästebett repariert haben. Erzählen Sie Ihrem Auftragnehmer lieber, die wichtigen Gäste könnten ab dem 1. März eintreffen – und nehmen Sie rechtzeitig Kontakt mit dem Schreiner auf.

Bauen Sie Zeitdruck ab

Sie stehen am Ende eines Tages vor einem Berg unerledigter Aufgaben. Zeitmanagement, eigentlich gedacht als Hilfsmittel für ein entspanntes Leben, wird zur Quelle von Spannung und Unglück. Helfen Sie sich, indem Sie umdenken. Sagen Sie sich nicht mehr: „Ich muss heute diese wichtige Aufgabe erledigen." Sondern: „Ich muss für diese wichtige Aufgabe einen guten Tag finden." Reagieren Sie nicht mehr auf das, was Ihnen der Terminkalender vorschreibt, sondern agieren Sie frei.

Sparen Sie sich die Mappe „Dringend!"

Die Erfahrung zeigt: In so eine Mappe wird nicht mehr gesehen. Bei dringenden Angelegenheiten hilft nur eines: Erledigen! Nur wenn es aus triftigen Gründen nicht sofort geht, machen Sie daraus einen Eintrag in der To-do-Liste Ihres Zeitplaners und lagern die erforderlichen Unterlagen in der zugehörigen Mappe. Dadurch bilden sich bei Ihnen nicht mehr die „Unbedingt sofort!"- Stapel auf der Schreibtischplatte, mit denen Sie Ihre Arbeitsfreude vergiften.

Werden Sie Herr über Ihre Zeit

Jeder Mensch hat Zeit. Es geht nur um die Prioritäten. Wenn Sie zu jemandem sagen: „Keine Zeit!", dann bedeutet das: „Keine Zeit für Sie. Anderes ist mir im Moment wichtiger." Erstellen Sie eine Hitliste der zehn Tätigkeiten, die Ihnen im Leben am wichtigsten sind. Schreiben Sie daneben die wirkliche Top 10: Womit verbringen Sie Ihre Zeit Tag für Tag tatsächlich? Herr (oder Herrin) über die Zeit zu sein bedeutet: Bringen Sie die wirkliche Top 10 in Einklang mit der Was-mir-wichtig-ist-Hitliste.

Sparen Sie Zeitpolster an

Wenn Sie ständig eine überfüllte To-do-Liste haben, stapeln sich die Sachen. Sie haben schlichtweg keine Zeit, um Ihr Hab und Gut zu managen. Wenn Ihnen die Dinge über den Kopf wachsen, streichen Sie einen Termin (so als ob Sie krank geworden wären) und widmen Sie die frei gewordene Zeit komplett Ihren Sachen. Entrümpeln Sie, ordnen Sie und organisieren Sie. Auch wenn Sie in dieser Zeit natürlich keine perfekte Ordnung schaffen werden – schon ein kleiner Anfang wird Sie enorm beflügeln!

Der Weckertrick

Wenn Sie „schnell noch etwas erledigen" wollen, besorgen Sie sich einen Küchenwecker, an dem Sie die gewünschte Minutenzahl einstellen: 30 Minuten Bürokram erledigen, fünf Minuten E-Mails beantworten, eine Stunde bügeln – oder um sich selbst per Klingel an den Feierabend zu erinnern. Das schützt wirkungsvoll davor, Zeit zu verbummeln.

4.2 Stressfrei in den Tag starten mit dem 6-Punkte-Vorabendcheck

1) Klamotten klar?

Suchen Sie bereits am Abend die Sachen heraus, die Sie am nächsten Tag anziehen werden. Legen Sie alles zurecht, was Sie am Morgen nicht vergessen dürfen. Machen Sie das auch mit den Kleidern und Taschen kleinerer Kinder.

2) Schuhe sauber?

Besonders unangenehm: beim morgendlichen Wettlauf mit der Uhr feststellen, dass die Schuhe abschreckend aussehen. Putzen Sie Ihre Schuhe daher grundsätzlich am Abend. Fordern Sie, wenn nötig, auch die Kinder dazu auf, ihre Treter in benutzbare Fasson zu bringen.

3) Alles dabei?

Lagern Sie in der Nähe der Wohnungstür, was Sie Tag für Tag brauchen: Geldbeutel, Schlüssel, Fahrkarten und Post, die eingeworfen werden muss. Damit vermeiden Sie die hektische Sucherei beim morgendlichen Aufbruch.

Extra-Tipp: Halten Sie hier eine Dose mit Kleingeld bereit – für Notfälle in letzter Minute.

4) Familientermine besprochen?

Fragen Sie Ihre Kinder und Ihren Partner am Abend, was es am nächsten Tag für Besonderheiten gibt: Wer kommt eventuell später nach Hause? Muss noch etwas für die Schule unterschrieben werden? Hat jeder genug Geld? Fahrkarten? Und all die anderen Infos, die im müden morgendlichen Zustand leicht vergessen werden oder dann für Stress sorgen.

5) Frühstück vorbereitet?

Räumen Sie vor dem Schlafengehen auf. Füllen Sie die Spülmaschine, säubern Sie die Arbeitsfläche in der Küche und sorgen Sie vor allem dafür, dass nichts auf dem Fußboden herumliegt. Es ist gut für Ihre Seele, in einer positiven und geordneten Umgebung aufzuwachen. Bereiten Sie, so weit es geht, das Frühstück vor. Vermeiden Sie den morgendlichen ratlosen Blick in den Kühlschrank.

6) Uhren positioniert?

Stellen Sie eine Uhr ins Badezimmer. Platzieren Sie auch am Frühstückstisch eine oder mehrere Uhren so, dass jeder ohne Verrenkungen darauf sehen kann. Eine Uhr im Blickfeld treibt einen nicht zur Eile an, sondern lässt einen ohne Stress die verbleibende Zeit genießen.

Zusatztrick für Morgenmuffel

Wenn Sie nach dem Aufstehen nur langsam auf Touren kommen und manchmal einzelne Schritte der täglichen Morgenroutine vergessen, hilft vielleicht ein Körbchen im Badezimmer, in dem alle Gegenstände zusammengefasst sind: Zahnbürste, Zahnseide, Gesichtscreme, Deo, Parfüm, Ringe, Ketten, Armbanduhr, Brille. Abends kommen Schmuck, Uhr und Brille wieder dort hinein.

4.3 Schluss mit Aufschieben

Aufschieberitis (1): Der Minuten-Trick

Schreiben Sie hinter die unangenehmsten und häufig aufgeschobenen Aufgaben die Zeitdauer, die Sie vermutlich dafür benötigen werden. Dabei werden Sie ab und zu schmunzeln: Mancher zehnmal verschobene „saure Apfel" besteht nur aus einem Anruf (fünf Minuten) oder einem handgeschriebenen Fax (drei Minuten). Da dauert das Verschieben länger als das Erledigen!

Aufschieberitis (2): Das Gegenteil testen

Probieren Sie es wenigstens ein einziges Mal aus: Erledigen Sie eine Aufgabe viele Tage früher, als Sie müssten. Vielleicht finden Sie Gefallen an dem neuen Gefühl, etwas weit vor dem Termin geschafft zu haben. Heben Sie die erledigte Arbeit auf und geben Sie sie pünktlich zum vereinbarten Termin ab. Spüren Sie in sich die kraftvolle Ruhe, die von dieser Tat ausgeht!

Aufschieberitis (3): Nichts tun!

Ein verblüffender Trick: Legen Sie das verhasste Projekt mit allen erforderlichen Unterlagen vor sich hin und zwingen Sie sich, es 15 Minuten nur anzusehen. In der Regel werden Sie durch das Herumsitzen so frustriert, dass Sie die ungeliebte Arbeit anpacken, bevor die Viertelstunde um ist.

simplify-Film-Tipp gegen Aufschieberitis

„Und täglich grüßt das Murmeltier", USA 1993. Diese Komödie (mit Bill Murray und Andy McDowell) über einen Mann, der einen einzigen Tag immer und immer wieder erleben muss, ist eine Parabel über Liebe und Arbeit. Die Botschaft: Arroganz, Zynismus, Depression, Trickserei – all das führt nie zu einer Lösung. Erst die ganz einfache Bereitschaft, anderen Gutes zu tun, erlöst aus dem schrecklichen Kreislauf. Ein Film, der wirksam Arbeitsblockaden bekämpfen kann.

So besiegen Sie Aufschieberitis: Nicht schätzen, sondern messen!

Lernen Sie, Ihre Zeit realistisch einzuschätzen. Messen Sie mit der Uhr, wie viele Stunden und Minuten Sie für typische Arbeiten brauchen – ehrlich, nicht nur unter optimalen Bedingungen. Ein Ingenieur benötigt beispielsweise im Schnitt 60 Minuten, um eine Seite Gebrauchsanweisung zu verfassen. Wenn er sehr gut drauf ist, geht es auch in 15 Minuten. Aber er sollte der Versuchung widerstehen, das Minimum als Norm anzusetzen!

4.4 Einfacher Zeit sparen unterwegs und zu Hause

Autowaschen ohne Warteschlange

Die beste Zeit für glänzendes Blech ist Mittwoch oder Donnerstag, vor allem vormittags. Freitags vor dem Wochenende wollen alle ihre Gefährte schön machen. Zu Wochenbeginn wiederum lassen diejenigen ihr Auto polieren, die beruflich einen glänzenden Eindruck machen müssen. Manche Großwaschstraßen bieten am flauen Mittwoch sogar Rabatte.

Gegen Fernsehsucht hilft der Weggeh-Trick

Manchmal sind Sie von einem eigentlich wertlosen Film gefesselt und bleiben vor dem Fernsehapparat sitzen, obwohl Sie das gar nicht mehr möchten. Abhilfe: Gehen Sie bei laufendem Gerät aus dem Zimmer. Ist der „magische Faden" erst einmal abgerissen, fällt es Ihnen leichter einzusehen, dass der Film das Anschauen nicht lohnt. Kehren Sie in den Raum zurück und schalten Sie dann den Fernseher aus.

Lesen Sie Ihre E-Mails nur einmal am Tag

Behandeln Sie Ihre elektronische Post wie Ihren herkömmlichen Briefkasten. Leeren Sie ihn einmal pro Tag und beantworten Sie dann alle Mails kurz. Gewöhnen Sie Ihre Geschäftspartner aber nicht daran, dass Sie auf jede Nachricht umgehend eine Antwort von Ihnen erwarten dürfen. Wenn bei Ihnen die E-Mails überhand nehmen: Richten Sie eine zweite Adresse ein, die Sie nur an die wichtigsten Personen weitergeben.

Stauzeiten nutzen

Nehmen Sie Arbeit mit! Nein, nicht damit Sie während des Dahinschleichens im zähen Stau Aktennotizen lesen und so den Verkehr gefährden. Sondern damit Sie recht früh losfahren (nicht nur ein paar Minuten, sondern mindestens eine großzügige halbe Stunde!) und am Ankunftsort die Zeit nutzen können, falls Sie zu früh eintreffen. Der Rat ist banal, aber wirkungsvoll.

Stehlen Sie keine Zeit

Wenn Sie eine Aufgabe vor sich herschieben, auf deren Erledigung ein anderer wartet, nehmen Sie dem Wartendem etwas, das ihm zusteht. Vermeiden Sie diesen Diebstahl, indem Sie Betroffene unverzüglich informieren, wenn Sie Ihre Arbeit nicht fristgerecht abliefern können. Fragen Sie zu Beginn eines längeren Telefongesprächs, wie viel Zeit der andere hat.

Telefonieren – eine Frage der Zeit

Reservieren Sie sich täglich eine bestimmte Zeit nur fürs Telefonieren. Der erforderliche Zeitraum wird oft unterschätzt. Terminieren Sie alle wichtigen Anrufe genau – mit einem Eintrag in Ihrem Kalender. Geben Sie sich bei Anrufern nicht mit vagen Angaben wie „Ich rufe später zurück" zufrieden, sondern vereinbaren Sie Tag und Stunde. Fassen Sie sich kurz, denn Telefonieren kostet immer Arbeitszeit. Eine Uhr am Telefon und eine vorher festgelegte Zeit helfen Ihnen, sich nicht zu verplaudern. Beenden Sie das Telefonat konsequent, wenn alles Wichtige besprochen wurde. Das ist in der Regel nach spätestens zehn Minuten der Fall.

Wann zum Friseur?

Kleiner Tipp aus der Branche: Erfahrungsgemäß ist der Kundenandrang am Mittwoch am geringsten und am Montag, dem früheren Friseur-Ruhetag. Viele Kunden wissen nicht, dass etliche Salons inzwischen am Montagnachmittag geöffnet haben.

5 Zu Hause wohlfühlen

5.1 Richtig essen und trinken

Wasser besiegt Alkohol

Ihre tägliche Minimaldosis Wasser können Sie genau errechnen: 30 Milliliter Wasser pro Kilogramm Körpergewicht (bei 66 Kilogramm also 2 Liter). Bei Sport und Hitze auf jeden Fall mehr. Wenn Sie sich diese Dosis durch reines Wasser zugeführt haben, werden Sie keinen Drang verspüren, noch mehr zu trinken. Zu abendlichen Exzessen mit Bier oder Wein wird es dann gar nicht mehr kommen.

Weniger Säugetierfleisch

Ein simplify-Tipp zum Thema Essen: Fleisch von Rind, Schwein und Kalb wird, weil es der menschlichen Körperzusammensetzung zu ähnlich ist, von unseren Enzymen zu intensiv verwertet. Mit Geflügel und Fisch dagegen setzen Sie weniger Fett an, Ihr Organismus bleibt unbeschwerter.

Äpfel helfen atmen

„Ein Apfel am Tag hält Ihnen den Arzt vom Leib", lautet ein altes englisches Sprichwort. Ärzte an der Londoner Universitätsklinik gingen dem in einer Langzeitstudie auf den Grund und konnten es bestätigen. Den positivsten Effekt hat der tägliche Apfel auf die Lungenfunktion. Selbst Raucher konnten damit die Sauerstoffaufnahme ihrer Atemwege entscheidend verbessern.

Bananen gegen Bluthochdruck

Wenn Sie tendenziell zu hohen Blutdruck haben, sollten Sie eine Banane zu Ihrem Standardsnack am Vormittag machen. Eine mittelgroße Banane enthält laut realage.com etwa 500 Milligramm Kalium, eines der natürlichen Mittel, um den Blutdruck zu regulieren.

Beißen Sie in den sauren Apfel

Erledigen Sie das „Hindernis des Tages", die unangenehmste Tätigkeit, zuerst. Vertilgen Sie den sauren Apfel, und er wird Ihnen nicht mehr den ganzen Tag verderben. Stürmen Sie drauf zu. Stellen Sie sich vor der Erledigung das gute Gefühl der Erleichterung vor, wenn Sie es geschafft haben. Wenn das Haupthindernis erst einmal weg ist, gelingen Ihnen die anderen Aufgaben wie von selbst!

Brauner Reis

Wenn Sie Ihren Vorrat von dem weißen Parboiled-Reis aufgebraucht haben, sollten Sie auf braunen Naturreis umstellen. Eine Studie in Finnland hat ergeben, dass Vollkornreis dem Körper wertvolle Phenole zuführt, die sich klar als krebshemmend herausgestellt haben. Außerdem ist der höhere Anteil von Ballaststoffen im braunen Reis gut für Ihren Stoffwechsel.

Essen Sie Kalzium

Etwa 1 Gramm Kalzium braucht Ihr Körper täglich für den optimalen Knochen- und Zahnaufbau. Milchprodukte und viele Mineralwässer enthalten Kalzium. Besonders gut damit versorgt werden Sie, wenn Sie Fisch essen – ob frisch, aus der Dose, eingelegt oder tiefgekühlt, spielt keine Rolle. Die Kalziumdosis einer Fischmahlzeit pro Woche steigert Ihre statistische Lebenserwartung um etwa drei Jahre.

Essen Sie Suppe

Das wussten schon unsere Großmütter: Eine klare Hühnerbrühe hilft gegen Erkältung, Traurigkeit und Unmotiviertheit. Wir haben die besten Erfahrungen mit dem Hühnersuppen-Dreifach-Konzentrat im Glas aus dem Supermarkt gemacht: Das enthaltene Hühnerfleisch ganz fein zerschneiden und die Suppe nicht zu sparsam salzen. Salz hält Feuchtigkeit in den Schleimhäuten von Nase und Lunge, das verringert Ihre Anfälligkeit gegenüber Erkältungskrankheiten.

Männer sollten Äpfel essen

Viele Männer jenseits der 40-Jahres-Grenze leiden unter peinlichen Schmerzen, hervorgerufen durch eine vergrößerte Prostata.

Eine amerikanische Forschungsreihe hat als einen der wirksamsten vorbeugenden Stoffe das phytochemische Quercetin erkannt. Sogleich kam ein erfolgreiches quercetinhaltiges Medikament auf den US-Markt. Aber Sie können es viel einfacher haben: Äpfel enthalten Quercetin im Überfluss. Da kann man als Mann nur sagen: Danke, Eva!

Schützende Nahrungsmittel

- **Gemüse**

Rote Bete, Tomaten, Kürbis, Karotten, Blumenkohl, Brokkoli, Kohlrabi, Kresse, Radieschen und Kohl enthalten krebshemmende Stoffe, die vor allem im ungekochten Zustand wirksam werden. Da sie alle auch blutdrucksenkend und gefäßreinigend wirken, verlangsamen sie damit den Alterungsprozess. Also: Statt Schokoriegeln oder Keksen gibt es heute Karottenstreifen zum Knabbern zwischendurch!

- **Obst**

Frisches Obst – und zwar praktisch alle Sorten – senkt das Krebsrisiko um mindestens 50 Prozent. Es enthält eine Vielzahl von Substanzen, die als krankheitshemmend gelten, vom Anti-Parkinson-Wirkstoff Octaconasol in Äpfeln bis zum hoch wirksamen Anti-Krebs-Mittel Benzylaldehyd in Feigen. Das *American Journal of Clinical Nutrition* veröffentlichte eine Studie, nach der frisches Obst die Stimmung depressiver Patienten deutlich aufhellt.

- **Leguminosen**

Hinter dem aufregenden Namen verbergen sich Erbsen, Bohnen und Sojagewächse, das „Fleisch der armen Leute". Sie enthalten hochwertige Proteine, Ballaststoffe, Mineralien und Vitamine. Isst man sie zusammen mit Getreideprodukten, entfalten sie ihre optimale Wirkung. Der in allen Bohnenarten zu findende Hormonblocker Isoflavon reduziert das Krebsrisiko in Brust und Geschlechtsorganen. Die Volksweisheit „Bohnen machen dick" stimmt indes nicht: Sie verbessern die Fettverbrennung und schützen daher vor Übergewicht.

Schützende Nahrungsmittel

• Ballaststoffreiches

In „armen" Ländern, in denen die Grundnahrungsmittel in reiner Form auf den Tisch kommen, ist das Darmkrebsrisiko viel geringer als bei uns. Was bei der Zubereitung Arbeit spart, ist also tendenziell positiv für Ihren Verdauungsapparat: Kartoffeln mit Schale, ungeschälter Reis und Vollkorn. Auch „altmodische" Getreidesorten wie Dinkel, Amaranth oder Hafer enthalten mehr Ballaststoffe und darmfreundliche Protektoren als die modernen Weizenarten.

• Kräuter und Gewürze

Chilipfeffer und Senf verbessern laut einer Studie des polytechnischen Instituts im englischen Oxford die Fettverbrennung des Körpers. Zimt ist nach einer Untersuchung von Richard A. Anderson ein hervorragendes Vorsorgemittel gegen Diabetes, da es die Wirksamkeit des körpereigenen Insulins erhöht. Frisches Basilikum stärkt – so das Ergebnis einer Testreihe indischer Ärzte – das Immunsystem und hat eine leicht krebshemmende Wirkung.

• Reines Wasser

Trinken Sie es am besten „still", ohne den Zusatz von Kohlensäure, denn CO_2 schädigt wie alle Säuren das Zahnfleisch. Verzichten Sie auch auf zusätzliche Filterung. Eine Untersuchung des renommierten Instituts für Krankenhaushygiene in Freiburg hat ergeben, dass praktisch alle Haushaltsfiltersysteme die Keimzahlen im Trinkwasser erhöhen können, zum Teil um das 50Fache. Wieder einmal scheint die einfachste Lösung auch die beste zu sein.

Hüten Sie sich vor Diabetes

Diabetes Typ 2, der so genannte Alterszucker, findet sich immer häufiger auch bei jungen Menschen. Einige Fachleute sprechen bereits von einer Epidemie. Mögliche Gründe: unausgewogene Ernährung, Mangelerscheinungen bei einigen Spurenelementen wie beispielsweise Chrom und Bewegungsarmut. Dadurch gerät das Insulinsystem des Körpers durcheinander. Schützen Sie sich durch eine „normale" Ernährung (50 Prozent Kohlenhydrate, 30 Prozent Eiweiß, 20 Prozent natürliche Fette) und regelmäßige körperliche Bewegung. Achten Sie auf mögliche Anzeichen von Diabetes, in erster Linie chronische Müdigkeit.

Kauen Sie sich schlau

Eine amerikanische Studie erbrachte den klaren Nachweis, dass sich Schüler Wörter leichter merken, wenn sie während des Lernens Kaugummi kauen. Bewegung scheint dem Gehirn zu helfen. Das Kauen regt die Durchblutung an und hält wach.

Was gehört zum Tässchen Kaffee?

Wasser! Kaffee hat entwässernde Wirkung. Er erweitert die Blutgefäße in den Nieren und stimuliert die Ausscheidung von Giftstoffen – nach dem Kaffee muss man aufs Örtchen. Das ist eigentlich gesund und entgiftend. Dabei wird aber mehr Wasser ausgeschieden, als Sie mit dem Kaffee zu sich genommen haben. Diesen Verlust müssen Sie ausgleichen, am besten durch das berühmte Glas Wasser, das im Wiener Kaffeehaus zum Braunen oder zur Melange gereicht wird – nur sollte Ihr Glas größer sein: etwa ein halber Liter pro Tasse Kaffee.

Schokolade im Winter

Der Heißhunger auf Süßes während der dunklen Jahreszeit ist ein Signal Ihres Körpers, dass ihm Glückshormone fehlen. Diese sind in Schokolade enthalten, und nach Ansicht von Nervenärzten kann es für den Organismus durchaus gesünder sein, eine Tafel Schokolade (mitsamt allen Nebenwirkungen) zu essen, als die Schädigungen des Allgemeinbefindens durch einen stark abgesunkenen Serotoninspiegel in Kauf zu nehmen.

Gesunder Schlaf mit Wasser und Salz

Wenn Sie nachts schlecht schlafen, probieren Sie es mit diesem einfachen Trick: Trinken Sie vor dem Einschlafen ein Glas Wasser und nehmen Sie danach etwas Salz auf die Zunge. Lassen Sie die Zunge dabei locker. Führen Sie sie nicht an den Gaumen. Diese Kombination verändert die Stärke der elektrischen Entladungen im Gehirn und führt den Schlaf herbei.

Heißes Wasser

Ein Monat ohne Kaffee oder Tee bedeutet eine gesunde Reinigung für Ihren Körper. Nutzen Sie dazu eine Erkenntnis aus der indischen Medizin: Trinken Sie statt Ihres gewohnten Kaffees oder Tees heißes Wasser. Schon nach ein paar Schlucken werden Sie merken, dass der Haupteffekt bei Tee und Kaffee gar nicht die Zutaten und der Geschmack sind, sondern die Wärme. Heißes Wasser wirkt erfrischend, anregend und lindert Halsweh sowie Husten.

Honig und Work-out

Drei Teelöffel Honig (von guter Qualität, pur oder in einem warmen Getränk) vor einer 60-minütigen Übungseinheit im Fitnessstudio haben sich bei einer Untersuchung in Chicago als effektivster Energiespender herausgestellt. Offenbar gibt Honig seine Energie gleichmäßiger ab als Industriezucker und zuckerhaltige Getränke.

5.2 Abnehmen ohne Leiden

Bleiben Sie beim Abnehmen locker

Ändern Sie Schritt für Schritt Ihren Ernährungsstil. Tun Sie das so allmählich, dass Ihr Partner beziehungsweise Ihre Familie mitmachen kann. Als „einsamer Asket" haben Sie nur geringe Chancen. Mit jedem einzelnen Schritt werden Sie sich besser fühlen. Sie werden das einfache Leben sofort neu genießen – und nicht erst eines fernen Tages, wenn Sie Ihr eigenes Ideal erreicht haben.

Behalten Sie die Kontrolle

Guter Tipp bei feuchtfröhlichen Einladungen: Bringen Sie Ihren Gastgeber niemals dadurch in Verlegenheit, dass Sie zu viel Alkohol trinken. Vereinbaren Sie vorab mit Ihrer Begleitung, dass Sie beide dezent die Party verlassen, wenn einer von Ihnen zu tief ins Glas geschaut hat.

Abnehmen in 15 Sekunden

Das Ziel, weniger und gesünder zu essen, lässt sich in eine große Zahl kleiner Entscheidungen aufteilen: Beim Frühstück nach der ersten Semmel aufhören. Die Butter unter der Marmelade weglassen. Sich beim Mittagessen nur wenig auf den Teller tun. Kein zweites Mal nachholen. Keine Zwischenmahlzeit einnehmen. Beim Stückchen Kuchen nein sagen. Das Abendessen weglassen. Nach 20 Uhr keine Chips essen. Jede dieser Entscheidungen dauert um die 15 Sekunden. Innerhalb dieses Zeitraums muss Ihr Bewusstsein Ihr Unterbewusstsein überzeugen.

Das zusätzliche Zehntel

Durch kleine neue Angewohnheiten können Sie die positive Wirkung Ihrer guten Vorsätze leicht um 10 Prozent steigern. Angenommen, Sie haben sich vorgenommen, mehr zu trinken: Gewöhnen Sie sich an, nach jedem Zähneputzen ein Glas Wasser aus dem Wasserhahn zu sich zu nehmen. Oder Sie wollen Ihren Fettverbrauch senken und verzichten auf Butter und fette Soßen: Essen Sie zusätzlich jeden Tag um 10 Uhr Obst, und die gute Wirkung Ihrer begonnenen Aktion wird noch einmal verstärkt.

Diät beginnt im Kleiderschrank

Viele Menschen, die vorhaben abzunehmen, behalten in ihrem Schrank Kleidungsstücke, die ihnen zu klein sind, um sie nach gelungener Schlankheitskur wieder zu tragen. Die Erfahrung zeigt, dass das fast niemals klappt. Machen Sie es anders: Geben Sie alle zu engen Sachen weg und kaufen Sie sich bequeme Kleidung, in der Sie sich so wohl fühlen, wie Sie zurzeit sind. Die beste Voraussetzung für erfolgreiches Abspecken ist ein positives Verhältnis zu Ihrem Körper. Ein Bauch, den Sie hassen, bleibt aus Trotz.

Gerümpel kann Übergewicht verursachen

Menschen mit viel Gerümpel im Haus haben häufig auch Übergewicht. Möglicherweise dient beides, Körperfett und materielle Schätze, dem Selbstschutz. Übergewicht hat immer mit emotionaler „Verstopfung" zu tun: So wie Sie Gefühle nicht loslassen können, hält auch Ihr Körper den Stoffwechsel zurück und schaltet auf „Sammeln". Abhilfe: Beginnen Sie mit einer Diät für Ihre verstopfte Wohnung. Danach wird Ihnen die Diät für den Körper viel leichter fallen!

Hunger zwischenden Mahlzeiten ist Durst

Ein Tipp für alle, die sich ihre Kalorien vorzugsweise mit zweitem Frühstück, Schokoriegeln und anderen Naschereien zuführen: Hier hilft ein großes Glas Wasser am Arbeitsplatz, denn das Hungergefühl zwischen den Mahlzeiten ist eine Art Erziehungsfehler Ihres Körpers. Eigentlich steckt hinter dem Appetit auf Kalorien einfach nur Durst. Generell wird zu viel gegessen und zu wenig getrunken.

So macht Fett nicht dick

Essen Sie immer etwas mehr, als Sie sich vorgenommen hatten? Vielleicht hilft dieser Tipp: Essen Sie am Beginn Ihrer Mahlzeit etwas Fett (zum Beispiel ruhig dick Kräuterbutter auf dem Brot, das in guten Restaurants vor dem Menü serviert wird). Das dadurch entstehende Sättigungsgefühl kann dazu beitragen, dass Sie sich bei den folgenden Speisen maßvoll verhalten. Und das lohnt sich: Wenn Sie Übergewicht vermeiden, steigt Ihre Lebenserwartung statistisch um bis zu sechs Jahre.

So trinken Sie richtig

Wasser ist das simplify-Nahrungsmittel überhaupt. Etwa zwei Liter pro Tag sind die optimale Menge. Trinken Sie bis etwa eine halbe Stunde vor der Nahrungsaufnahme (Frühstück, Mittag-, Abendessen) und erst etwa zweieinhalb Stunden danach; zu den Mahlzeiten selbst brauchen Sie nur wenig Flüssigkeit. Dann funktioniert Ihre Verdauung optimal.

Warum Sie sich nicht salzlos ernähren sollten

Viele Diäten sorgen für rasche Gewichtsabnahme, indem sie völlig salzlose Kost verordnen. Ein gefährlicher Trick, denn der „Erfolg" dieser Diät beruht auf Wassermangel. Bekommt der Körper aber dauerhaft zu wenig Salz, entsteht in einigen Zellen Säure, welche die DNA-Struktur schädigen und Krebs auslösen kann. Salzmangel könnte auch ein Grund für Osteoporose sein. Auch bei Asthma und Allergien kommt es entscheidend auf Wasser und Salz an. Denn Salz ist ein natürliches Antihistaminikum und wird in der Lunge benötigt, um die Passagen für die Luft feucht zu halten und Schleim zu lösen.

„Dinner-Canceling"

Verdauung am Abend ist für unseren Körper besonders belastend, und die meisten Ablagerungen in unseren Fettreserven verursacht das Abendessen. Es ist die Mahlzeit, die Sie am leichtesten streichen können und die sich am meisten auf der Waage bemerkbar macht. Zwei Abende pro Woche ohne Nachtmahl wirken bereits Wunder! Falls Ihnen das gemeinsame Abendessen wichtig ist: Setzen Sie sich ruhig dazu, genehmigen Sie sich ein Salatblatt, eine Tomate, saure Gurken, eine halbe Scheibe Knäckebrot oder etwas ähnlich Kalorienarmes. Das geht!

5.3 Mehr Energie im Alltag durch Bewegung

Aufstehen mit Vorglühen

So bringen Sie am Morgen Ihren Kreislauf in Schwung, kommen besser aus dem Bett und besiegen die Morgenmuffeligkeit: zehnmal mit den Händen „pumpen" (Arme heben, Finger ausstrecken, feste Fäuste machen und wieder energisch die Finger ausstrecken). Das aktiviert Ihr Herz wie das Vorglühen beim Dieselmotor. Der Tipp stammt aus der Hebammenszene, die damit übermüdete Schwangere zum Aufstehen motivieren.

Beglücken Sie Ihren Rücken – 7 simplify Tipps

- Sitzen Sie „mit den Händen". Drücken Sie die Ellenbogen immer wieder einmal gegen die Armlehnen und entlasten Sie so für ein paar Sekunden Ihr Kreuz. Lassen Sie sich danach langsam nach unten sinken. Dadurch nehmen Ihre Bandscheiben wieder Flüssigkeit auf, und Sie vermeiden langfristige Schäden.

- Wechseln Sie öfter mal die Position. Zappeln Sie ruhig auf Ihrem Stuhl und rutschen Sie darauf herum. Sitzen Sie auch einmal auf der vorderen Stuhlkante und lassen Sie Ihr Becken dabei nach vorn kippen. Unterbrechen Sie Sitzphasen immer wieder durch Stehen und Gehen. Wenn Sie länger stehen müssen, wechseln Sie auch dabei die Position: kurz gehen, anlehnen, bücken, kauern.

- Sorgen Sie für Beinfreiheit und für Abwechslung. Stellen Sie beim Sitzen die Füße ab und zu auf ein Bänkchen oder auf das

Fußgestell des Stuhls. Wenn Sie allein sind, ziehen Sie die Schuhe aus und stellen einen Fuß mit auf die Sitzfläche.

- Haben Sie keine Scheu, sich wie eine Katze zu recken und zu strecken. Verschränken Sie die Arme hinter dem Kopf und strecken Sie den Oberkörper behutsam nach hinten. Halten Sie diese Position für etwa 20 Sekunden. Stehen Sie auf und greifen Sie nach den Sternen: auf die Zehenspitzen stellen und die Fingerspitzen strecken, so hoch Sie können.

- Der Grund für einen schmerzenden Rücken liegt oft in der mangelnden Beweglichkeit der Halswirbel. Deshalb: Neigen Sie immer wieder den Kopf, ziehen Sie die Schultern dabei auf und nieder. Schauen Sie zur Decke, unter den Tisch und lassen Sie Ihre Schultern kreisen.

- Das beste vorbeugende Alltagstraining gegen Rückenschmerzen ist normales, aber bewusstes Gehen. Verlagern Sie Ihr Gewicht bei jedem Schritt ganz ausdrücklich auf den tragenden Fuß. Achten Sie darauf, dass sich Ihr Becken dabei gegenüber der Wirbelsäule bewegt. Bei jedem Schritt sollte Ihre Wirbelsäule leicht S-förmig hin und her schwingen. Becken, Schultern und Kopf neigen sich dabei leicht hin und her. Es sind nur Millimeter, die Sie sich so bewegen, aber diese Millimeter sind der entscheidende Unterschied zwischen einem schmerzenden und einem schmerzfreien Rücken.

- Trainieren Sie Ihre Armmuskulatur. Packen Sie die Tischkante vor sich fest an und versuchen Sie etwa 20 Sekunden lang, die Tischplatte zu „zerreißen". Drücken Sie beim Autofahren das Lenkrad zusammen. Beim Einkaufen können Sie dasselbe mit dem Griff des Einkaufswagens machen. Erfinden Sie ähnliche

Übungen, mit denen Sie Ihre unterbeschäftigte Arm- und Schultermuskulatur aktivieren.

Bewegen Sie sich im Freien

Gehen Sie spazieren, ganz gleich, wie das Wetter ist. Gerade an trüben, nassen und grauen Tagen sollten Sie Orte aufsuchen, an denen Sie möglichst weit sehen können. Denken Sie dabei an die alte simplify-Weisheit: Es gibt kein schlechtes Wetter, nur unpassende Kleidung.

Atmen Sie bewusst

Üben Sie das bewusste Atmen jetzt einige Atemzüge lang: EIN – beim Einatmen schenke ich meinem Körper Ruhe. AUS – beim Ausatmen lächle ich. EIN – ich verweile im gegenwärtigen Moment ... AUS – und ich weiß, es ist ein wunderbarer Moment. Spüren Sie die Freude in diesem Augenblick und nehmen Sie sich selbst sowie die Dinge und Menschen um sich wahr. Genießen Sie, was dieser Augenblick Ihnen gerade Gutes bietet.

Bodybuilding mental

Ein Test in mehreren deutschen Unfallkliniken hat ergeben, dass Bewegungen, die „nur im Kopf" stattfinden, den Muskelaufbau enorm beeinflussen. Patienten mit eingegipsten Beinen wurden in zwei Gruppen aufgeteilt: Die Mitglieder der einen Gruppe mussten sich zweimal täglich je zehn Minuten lang vorstellen, wie sie spazieren gehen; die anderen taten das nicht. Als nach etwa acht Wochen der Gips abgenommen wurde, hatten die Beinmuskeln der mentalen Spaziergänger fast normale Ausmaße; die der Kontrollgruppe waren – wie nach langer Ruhigstellung üblich – stark zurückgebildet. Stellen auch Sie sich immer wieder einmal vor, wie Sie springen, laufen und tanzen!

Guck-in-die-Luft

Aus der tibetanischen Heilkunst Kum Nye kennt man diese Übung im Sitzen: Po auf vorderer Stuhlkante platzieren, Hände dahinter aufstützen, wobei die Finger nach hinten zeigen. Füße wie ein geöffnetes V auf den Boden stellen (15 cm Abstand, keine Schuhe). Kopf nach hinten legen, zur Decke sehen und Hände fest auf den Stuhl drücken. 30 Sekunden mit offenem Mund atmen, kurz aufrichten und pausieren, noch zweimal wiederholen. Diese Übung macht den Kopf wieder klar.

Erfinden Sie gesunde Rituale

Balanceübungen sind gut für die Mikromuskulatur, und jede dynamische Bewegung tut Ihrem Kreislauf gut. Solche Kurzzeittrainings können Sie zu einem festen Ritual Ihres Tagesablaufs machen. Verbinden Sie wiederkehrende Aktivitäten mit bestimmten Übungen: Gehen Sie beim Zähneputzen in die Skiabfahrtshocke und wippen Sie dabei leicht. Stehen Sie beim Zuknöpfen von Hemd oder Bluse, Krawattebinden, Schmuck anlegen, Schuhe zubinden grundsätzlich auf einem Bein.

Fitness kostenlos und ohne Zeitverlust

Rechnen Sie einmal durch, ob das nicht auch bei Ihnen geht: zur Arbeit mit dem Rad fahren. Angenommen, Ihre Arbeitsstelle liegt 15 km von Ihrem Wohnort entfernt. Sie fahren mit dem Auto 20 Minuten, mit dem Rad 50 Minuten. Pro Tag ist das ein

Mehraufwand von einer Stunde, macht Sie aber so fit wie ein zweistündiger Aufenthalt im Fitness-Studio. Der Fitness-Effekt tritt ein, wenn Sie mindestens zwei Tage pro Woche vom Auto aufs Fahrrad umsteigen – am besten immer dann, wenn das Wetter schön ist.

Gegen Rückenprobleme: Der Lichtkugel-Tanz

Sie benötigen eine Stereoanlage oder einen Walkman. Als Musik eignet sich bassbetonte, nicht zu langsame Tanzmusik.

- Bevor Sie die Musik anlaufen lassen, stellen Sie sich ohne Schuhe entspannt hin und atmen Sie ruhig. Schließen Sie die Augen und stellen Sie sich vor, in Ihrem Unterleib befände sich eine warme, orangerot leuchtende Lichtkugel.
- Schalten Sie die Musik ein und spüren Sie, wie sich die Lichtkugel im Rhythmus hin und her bewegt. Sie brauchen keine bewussten Tanzschritte zu machen, sondern folgen einfach dem in Ihnen pulsierenden glühenden Ball.

Die Yoga-Heuschrecke

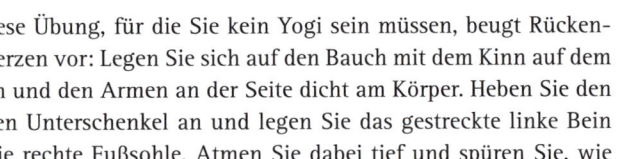

Diese Übung, für die Sie kein Yogi sein müssen, beugt Rückenschmerzen vor: Legen Sie sich auf den Bauch mit dem Kinn auf dem Boden und den Armen an der Seite dicht am Körper. Heben Sie den rechten Unterschenkel an und legen Sie das gestreckte linke Bein auf die rechte Fußsohle. Atmen Sie dabei tief und spüren Sie, wie sich Ihre Lendenwirbel entspannen.

Halten Sie Ihre Wirbelsäule elastisch

Setzen Sie sich auf den Boden, stellen Sie das linke Bein auf und schieben Sie den rechten Fuß durch den Bogen, bis die rechte Ferse den Po berührt. Ziehen Sie mit dem rechten Arm das linke Knie zum Körper. Stützen Sie sich mit der anderen Hand nach hinten ab. Strecken Sie den rechten Arm aus, bis Ihre Hand das linke Fußgelenk erreicht. Der Ellenbogen drückt dabei das linke Knie weiter gegen den Körper. Drehen Sie den Kopf langsam zur linken Schulter. Wiederholen Sie die Übung zur anderen Seite hin. Sie werden staunen, wie sehr sich schon nach wenigen Tagen Ihre Muskeln und Bänder wieder dehnen können.

Lachen ist die beste Medizin

Sorgen Sie dafür, dass Sie mindestens einmal pro Tag mit jemandem zusammen sind, der gerne fröhlich ist und lacht. Was die Volksweisheit schon immer wusste, haben amerikanische Herzspezialisten unter der Leitung des Kardiologen Michael Miller in einer Studie wissenschaftlich fundiert: Personen ohne Herzbeschwerden lachen fast doppelt so oft wie Infarktpatienten.

Lernen mit dem ganzen Körper

Nutzen Sie die Kraft Ihrer Gedanken und wandeln Sie rein theoretische Lerninhalte in Bewegungen um. Beispiel: Wenn Sie Vokabeln lernen, führen Sie eine Gebärde dazu aus: „drive up – vorfahren". Bewegen Sie sich wie eine große Limousine vor einem vornehmen Hotel und heben Sie sich dabei „up". Beim Wiederholen der Vokabel stellen Sie sich Ihre Geste dazu vor.

Nicht brav dasitzen

Beim Sitzen sollten Sie ständig wechselnde Positionen einnehmen: gestreckt, Beine übereinander, Hände hinter den Kopf, Hohlkreuz. Alles ist erlaubt, nur nicht der Stillstand. Besorgen Sie sich einen Bürostuhl mit Wippmechanik. „Dynamisch sitzen" heißt die Devise. So vermeiden Sie das „Einrosten" der Wirbelsäule und die damit verbundenen Rückenschmerzen.

Organübung für das Sonnengeflecht

Franziskus wurde berühmt durch seinen „Sonnengesang" – hier finden Sie eine dazu passende Übung: Stellen Sie sich vor, ein Mensch, den Sie mögen, massiert mit warmem Öl Ihren Leib, Ihren Bauch und das Nervengeflecht, das sich wie eine Sonne rund um Ihren Bauchnabel zieht. Sie fühlen das warme, duftende Öl auf der Haut. Ihr Bauch und Ihr ganzer Körper sind strömend warm. Sagen Sie zu sich: „Ich bin ganz ruhig und entspannt."

Recken und strecken

Lernen Sie von Hunden und Katzen. Nach acht Stunden Schlaf haben sich Ihre Muskeln, Bänder und Sehnen leicht verkürzt. Wenn Sie sich – ganz ohne Regeln, einfach wie es Ihnen gut tut – noch im Bett dehnen und räkeln, geben Sie Ihrem Organismus damit ein Signal: Erhöhung der Sauerstoffzufuhr, Ausschütten von Glückshormonen, Muskeln in Aktionsbereitschaft. Nehmen Sie sich dafür fünf Minuten Zeit.

Schattenboxen

Blicken Sie geradeaus und winkeln Sie die Arme vor der Brust an wie ein Boxer in Verteidigungsposition. Führen Sie die Fäuste abwechselnd ein bis zwei Minuten lang vor und zurück, wie bei einem imaginären Boxkampf. Strecken Sie die Ellenbogen aber nicht voll durch, um die Gelenke nicht zu überlasten. Wirkung: Ihre Brustwirbelsäule wird aktiviert, Arm- und Rumpfmuskulatur erwärmen sich. Durch die verbesserte Durchblutung von Kopf und Oberkörper steigt Ihre Aufmerksamkeit.

Schieben Sie Ihren Kopf nicht nach vorn

Die Position Ihres Kopfes steuert die Stellung von Schultern, Rücken und Becken. Durch Arbeit am Bildschirm, Lesen, Hausarbeit usw. schieben wir ständig den Kopf nach vorn. Dadurch wird die normale aufrechte Haltung geringfügig, aber langfristig verschoben und die Neigung zu Kopfschmerzen verstärkt. Gewöhnen Sie sich an, beim Nachdenken und Telefonieren nach oben zu sehen, dann korrigiert sich diese Fehlhaltung automatisch.

Schlafen Sie genug?

Der Löwe genießt höchstes Ansehen und gilt unangefochten als König der Savanne. Und was macht er? Er verschläft 80 % des Tages. Seine Kraft liegt in der Ruhe. Wäre er ein hektischer Macher geworden, hätte er es nie zu seinem legendären Ruhm gebracht.

Schonen Sie Ihren Rücken mit dem goldenen Schritt

Ein Grundprinzip, das Sie stets und überall anwenden sollten: Wann immer Sie nach etwas greifen, gehen Sie einen Schritt darauf zu. Damit konzentrieren Sie Ihre Kraft und vermeiden schädliche verdrehte Bewegungen. Beugen Sie Ihre Knie, wenn Sie etwas hochheben. Vermeiden Sie den „Katzenbuckel".

➡ Ausdauer für alle: So laufen Sie sich glücklich

- Wenn Sie über 35 Jahre alt sind und es etliche Jahre her ist, dass Sie Sport getrieben haben, lassen Sie sich von einem Arzt gründlich untersuchen, am besten von einem Sportarzt. Sonst schaden Sie eventuell Ihrer Lunge, Ihren Kniegelenken oder Ihrem Kreislauf mehr, als diesen zu nutzen. Im Zweifelsfall nennen Arzt oder Krankenkasse Ihnen spezialisierte Trainer, unter deren Aufsicht Sie das für Sie medizinisch korrekte Laufen erlernen können.

- Sparen Sie nicht am Outfit, denn außer dieser Anschaffung ist Laufen ja billig. Lassen Sie sich in einem Fachgeschäft ausführlich beraten, welcher Laufschuh und welche Laufkleidung für Sie am besten sind. Gut bewährt haben sich atmungsaktive Textilien, die den Schweiß nicht aufsaugen, sondern nach außen transportieren.

- Suchen Sie Motivatoren, denn es ist hart, allein durchzuhalten. Fragen Sie am besten in Ihrem Bekanntenkreis nach Leuten, die mit Ihnen starten. Oder erkundigen Sie sich bei örtlichen Sportvereinen. Häufig gibt es dort Lauftreffs.

- Den besten Abnehmeffekt hat Laufen, wenn Sie es noch vor dem Frühstück tun. Stellen Sie außerdem Ihr Frühstück von Butter, Brötchen, Eiern, Käse und Wurst auf Müsli und/oder Früchte um. Das aber konsequent: keine Ausnahmen an Sonntagen oder bei Hotelaufenthalten. Der Rest kommt dann fast von selbst: weniger Alkohol, Süßigkeiten, Kaffee und tierische Fette.

- Der Flüssigkeitsverlust beim Laufen ist enorm. Gleichen Sie ihn mit Leitungs- oder Mineralwasser aus. Wenn Sie mit dem Training beginnen, trinken Sie direkt nach dem Laufen, bei längeren Strecken unbedingt auch währenddessen.

➡ Ausdauer für alle: So laufen Sie sich glücklich

- Beginnen Sie auf einer flachen Strecke, am besten auf ebenem Wald- oder Wiesenboden. Laufen Sie gleichmäßig und langsam. Wundern Sie sich nicht, wie schnell Ihnen die Puste ausgeht. Joschka Fischer fühlte sich bei seinen ersten Trainingstagen, als müsse er nach 200 Metern sterben. Jeder allererste Trainingsbeginn fällt einem sehr schwer. Fischer steigerte sich langsam, aber konsequent – und lief nach nur sechs Monaten 16 Kilometer am Stück.

- Wenn Sie mit dem Laufen Übergewicht abbauen möchten, müssen Sie langsam, aber lange laufen. Wenn Sie zu schnell rennen, schaltet der Körper nicht auf Aufbrauchen der Fettreserven um, sondern verbrennt nur Kohlenhydrate. Stellen Sie sich darauf ein, dass Sie sich während der Abnehmphase nie richtig satt essen sollten. Wollen Sie nur Ihr Allgemeinbefinden stärken, sollten Sie dreimal pro Woche mindestens eine halbe Stunde in ganz langsamem Tempo laufen, ohne jede Quälerei.

- In den ersten Wochen sollten Sie kurze Laufpausen einlegen, in denen Sie nur gehen. Lassen Sie Ihrem Körper Zeit, in die neue Belastung hineinzuwachsen. So vermeiden Sie Enttäuschung und Verletzungen. Machen Sie neben dem reinen Laufen auch Dehn- und Lockerungsübungen, am besten zu einer festen Tageszeit, etwa am Morgen. Laufen Sie niemals völlig nüchtern, sonst bekommen Sie Seitenstechen. Essen Sie vor dem Training etwas Leichtes, beispielsweise einen Apfel oder eine Banane. Nehmen Sie ein Stück Zwieback zum Laufen mit – das hilft bei Zuckerabfall besser als Traubenzucker.

Stichwortverzeichnis